way

way

INDIA · ISRAEL · AMERICA · EGYPT · UGANDA · JAPAN · LONDON

Overseas Training Series **2**

박영견

주님과의 비밀스런 교제

황성주
인터내셔널드림스쿨 교장

침묵은 금이다. 그래서 경청의 은사를 구한다. 그래도 인간은 자기표현을 안 하면 견디지 못하는 한계를 가지고 있다.

그래서 혹시 이책을 통해 한 줄 지혜가 전수되거나 옳은 데로 돌아오는 한 사람이 있을까 하는 기대감을 가져본다.

한 권의 책이 나올 때마다
주님과의 비밀스런 교제가 흐트러질 것을 우려하며
두려워 떤다.

2025년 봄.
해밀리 별빛 공동체에서

"지혜 있는 자는 궁창의 빛과 같이 빛날 것이요 많은 사람을 옳은 데로 돌아오게 한 자는 별과 같이 영원토록 비취리라"
— 다니엘 12:3

차례

인터내셔널드림스쿨 교장 **황성주** · 주님과의 비밀스런 교제 · 004

꿈청

꿈꾸는 **허주은** · 순서의 하나님, 질서의 하나님 · 010

살리는 **정시온** · 우리가 구해야 할 것 · 040

숨겨진 **윤여준** · 주님이 내 손을 잡고 천국을 보여 주셨다 · 080

하나님의 은혜 **류예라** · 그래도 나아가는 우리들을 위하여 · 092

듣는마음 **류세라** · 누군가 하늘을 보라고 소리쳤다 · 124

조이 **김혜규** · 순수한 기쁨으로 주님께 진정한 감사를 · 196

빛나는 **김진영** · 지나가는 사람이 아니라 한 영혼이다 · 214

하늘나무 **강예찬** · Who am I, why you are here, what god is calling · 260

표지그림 / 류예라

꿈청

꿈꾸는 허주은

순서의 하나님, 질서의 하나님

미국 연수를 가기 전, 이번 일정에서 가장 하고 싶은 것은 영어 공부와 하나님을 모르는 영혼들에게 주님의 복음을 전파하는 것이었다. 일정 동안 암송하고 싶은 성경 구절은 고린도전서 13장 7절 "모든 것을 참으며 모든 것을 믿으며 모든 것을 바라며 모든 것을 견디느니라"였다. 미국 일정 동안 고되고 힘들더라도 참고 믿음으로 나아가며 견뎌내고 싶은 마음으로 이 구절을 고르게 되었다. 그리고 힘든 일이 있더라도 이해하고 사랑하자는 마음을 가지고 미국으로 떠났다.

6월 11일 수요일 오전, 인천에서 샌프란시스코로 가는 비행기를 탔다. 타기 전 공항 라운지에 불이 붙어 비행이 연착되고 걱정도 됐지만 무사히 이륙했다. 14시간의 비행 중 옆자리에 탄 중국인 로랜스와 베트남인 택을 만나 이야기를 나누고 복음을 전하며 안전하게 착륙했다. 그 후 공항에서 볶음밥, 오렌지 치킨, 브로콜리, 소고기가 있는 도시락을 먹고 덴버 행 비행기에 올랐다. 2시간 비행기를 타고 좋은 님과 펼치는 님이 픽업하러 와 주셔서 편하게 ILI(International Leadership Institution)로 갈 수 있어서 감사했다. 처음 바라본 미국 풍경은 햇살이 엄청 따갑고 노을이 무척 아름다웠다. 높고 좁은 건물로 빽빽하게 채워져 있는 한국과 달리 뻥 뚫린 도로와 넓고 나지막한 건물들이 나열되어 있었다. 하늘의 구름도 한국과는 조금 다르게 더 입체적이고 가까이 있는 것처럼 보여 신기했다.

ILI에 10시쯤 도착해 밝은 님을 만나고 선생님들이 김치찌개를 끓여 주셔서 맛있고 배부르게 먹었다.

6월 12일, 눈부시고 맑은 하늘을 보며 하루를 시작했다. 테라스로 나가 반짝반짝 빛나는 하얀 자작나무의 나뭇잎들과 넓은 들판을 보니 마음이 환하게 뚫리는 것 같고 너무 행복했다. 또 테라스 바로 앞까지 사슴이 와서 사진도 찍고 구경할 수 있어서 감사했다. 점심에 정철 선생님의 영상을 보며 고린도후서 5장 17절 말씀을 영어로 암송하게 되었다. 예전에 정철 선생님의 강의를 들으며 영어 공부를 했었는데, 다시 봐서 반가웠다. 포켓볼 연습도 하며 재밌는 시간을 보냈다.

다른 꿈쟁이들의 말로는 지난 3월 미국에 왔을 때는 햄버거만 먹었다고 들었는데 점심에는 김치찌개, 저녁에는 떡볶이와 닭죽 등 한식을 먹어서 너무 맛있고 좋았다. 식사 후 저녁에는 찬양과 예배를 드렸는데 적은 인원이었지만 하나님이 오히려

이 예배를 더 기쁘게 받으실 거란 생각이 들며 행복하게 하루를 마무리했다.

  6월 15일 토요일에는 nature time으로 마니또 스프링스에 가서 최모세 목사님을 만났고 예전 콜로라도에 대한 이야기를 들었다. 과거에는 도시 전체가 어둡고 점쟁이, 악마, 미신 등을 믿던 콜로라도에 점차 복음이 전해지고 교회에 대해 상당히 우호적으로 바뀌면서 콜로라도 전체가 밝아졌다고 말씀하셨다. 최모세 목사님의 말씀을 들으니 성령님의 임재가 얼마나 대단한 것이고 중요한 것인지 깨닫게 되었다. 콜로라도에는 전도자가 많은데 한국에는 전도자도 별로 없고 전도에 대한 사람들의 시선이 그렇게는 우호적이지 않다고 말씀하셔서 마음이 아팠다.

  그 후 맥도날드에 가서 점심을 먹고 Garden of the gods에 가게 되었다. 엄청 커다랗고 수많은 붉은 색의 바위들과 경치를 보며 하나님이 만드신 자연은 정말 위대하다고 생각했다. 한국에서 봐왔던 어떤 경치와도 비교할 수 없이 웅장하고 멋있어서 이 자연을 보게해 주시고 만들어 주신 하나님께 정말 감사했다. 토요일이고 관광지라 외국인이 정말 많았는데 대화를 하며 오전에 암송했던 요한복음 3장 16절을 들려주었다. 외국인들과 대화하는 게 재밌고 즐거워서 앞으로 영어 공부를 더 열심히 해야겠다고 다짐했다. Garden of the gods을 다 돌아보고 악기 가게로 향했다. 들어가니 빽빽하게 온갖 악기로 채워져 있는 광경을 볼 수 있었다. 디자인이 하나같이 다 특색 있고 예뻐서 사고 싶었지만 너무 비쌌다. 기타를 테스트해 보는 사람이 있었는데 엄청 멋있고 빠르게 쳐서 단독 콘서트에 온 기분이었다. 행복한 마음으로 Gool will에 갔다. 굿 윌은 엄청 큰 실내 벼룩시장 같다. 옷도 많고 접시, 장난감, 책도 수북했다. 둘러보니 내 마음에 드는 것은 없어서 안 샀는데 그래서 물건은 많지만 영양가는 없다고 생각했다. ILI로 돌아갔더니 선생님들께서 월남쌈을 만들어 주셨다. 한국에서 먹었던 월남쌈과는 다르게 샤브샤브가 아닌 닭고기, 소시지, 돈가스, 생야채를 넣고 싸먹어서 신기하고 새로웠다. 인도에 있는 월남쌈을 좋아하는 꿈쟁이들이 생각나고 보고 싶었다.

6월 16일 일요일에는 Boulder Street Church에 가서 많은 미국 사람들을 만나 설레고 신기했다. 성도들이 모두 "Happy Father's Day!"라며 반갑게 맞이해 주었고, Father's Day

여서 도넛도 먹을 수 있었다. Father's Day는 우리나라의 어버이날과 같은 개념이다. 미국은 우리나라와 달리 Mother's Day, Father's Day가 있다고 한다. 날짜는 6월 3째주 일요일이다. 우연히 날짜에 맞게 딱 Father's Day에 교회에 가게 되어 신기했다. 작은 콘서트 같지만 하나도 모르는 찬양을 했다. 미국 찬양을 많이 들어야겠다고 생각하며 예배가 시작됐다. 목사님의 말씀은 거의 알아들을 수 없어 졸았다. 역시 영어 공부

를 열심히 해야겠다는 다짐이 들었다. 중간중간 빵 터지는 부분에서 미국의 스탠딩 코미디 같다는 생각도 들었다. 설교가 끝나고 성찬식도 했는데 1년에 1~2번 성찬식을 하는 우리나라 교회와 달리 미국은 거의 매주 성찬식을 한다고 한다. 우리나라 보다는 격식을 차리지 않고 빠르게 끝났다.

예배가 끝나고 Wendys라는 햄버거 집에 가게 되었다. 나는 손에 한포진이 있어 밀가루나 몸에 안 좋은 음식을 먹으면

안 된다. 그래서 햄버거를 먹으면 손에 한포진이 올라올까 매우 걱정이 되었다. 다행히도 햄버거 집에 샐러드가 있어 사과와 피칸 샐러드를 시켰다. 꼬리꼬리한 냄새가 나는 치즈와 사과, 짭쪼름한 피칸이 올려져 있는 샐러드였다. 너무 맛있고 배부르게 먹었다. 점심을 먹고 Cave of the winds에 갔다. 어제 갔던 Garden of the Gods처럼 붉은 바위들은 없었지만 큰 산들과 수많은 나무들을 봐서 갑자기 폐활량이 느는 것 같았다. 행복했다. Cave of the winds에 집라인 등 놀거리가 있었는데 선생님께서 본진이 오면 하자고 해서 아쉽고 기대되는 마음으로 ILI로 갔다.

6월 20일 목요일에는 다니엘라 선생님과 다니엘라 선생님의 아이들(에이먼스, 노라, 엘로윈스)와 함께 Red Rock Canyon에 갔다. Red Rock Canyon은 지난 번 갔던 곳들과는 다르게 동산처럼 낮았다. Red Rock Canyon의 바위는 철 성분이 들어 있어 붉다고 설명해 주셨다. 옛날에는 사람들이 돈을 벌기 위해 Red Rock Canyon의 바위를 깎아 팔았고 그 때문에 네모 반듯하고 각진 모양으로 남았다고도 설명해 주셨다. 인공 호수에 오리가 있고 버드나무와 바위 등 경치가 정말 멋졌다. 모두들 즐거워 했다.

Red Rock Canyon을 둘러보고 점심을 먹으러 다른 공원에 갈 때 다니엘라 선생님의 차를 타게 되었는데 K-pop을 좋아하신다고 하셨다. 그 중에서도 악동 뮤지션을 가장 좋아하신다고 하셔서 깜짝 놀랐다. 악동 뮤지션 노래를 들으며 흥얼거리셨는데 새삼 한류가 대단하다고 느껴졌다.

다른 공원에 도착해 선생님들이 만드신 참치&멸치 주먹밥과 다니엘라 선생님이 만드신 퍼피 품 디저트로 맛있게 점심을 먹고 놀이터에 가서 아이들과 놀아 주었다. 그 뒤 월마트에 가서 다양한 미국 간식을 사고 숙소로 돌아가는 도중 community&partnership에 들러 음식을 받았다. community&partnership은 미국의 노숙자들에게 음식을 제공해 주는 곳인데 한국인들도 등록을 하면 음식을 받을 수 있다고 하셨다. 거기서 냉동 피자, 라면, 과자 등 다양한 음식을 받고 ILI로 돌아왔다. 저녁에는 마태복음 16장 24절을 암송하고 김치찌개를 먹고 하루를 마무리했다.

6월 22일 토요일, 예배를 드리러 킹덤 드림 센터에 갔다. 토요일에 예배를 드리는 게 이상해서 물어봤는데 불타는 님이 킹덤 드림 센터 성도들은 유대인이라서 토요일(안식일)에 예배를 드린다고 설명해 주셨다. 킹덤 드림 센터는 건물 자체도 멋있고 탁 트인 들판이 있어 아름다웠다. 킹덤 드림 센터 성도 분들도 우리를 너무 반갑게 맞아 주셨다. 예배 중 꿈쟁이들이 나가 특송도 하고 찬양을 부르며 모두를 축복해 주었다. 설교가 끝나고 설교에 나왔던 겸손에 대해 토론을 하는 시간도 가졌다. 꿈쟁이들 각자의 생각을 들을 수 있어서 좋았고 성경적 겸손이 온유라는 것을 알았다. 성도 분들이 만드신 한식 점심도 먹었는데 너무 맛있었다. 점심을 먹으며 학교에서 일본어 선생님이신 분과 대화를 했는데 언어가 완벽하게 통하진 않았지만 같이 교제해서 흐뭇했다.

예배가 끝나고 최모세 목사님이 주신 풍선과 전도지를 나눠 들고 지난 주에 하지 못했던 전도를 하러 마니또 스프링스에 갔다. 전도를 받아 주지 않는 사람도 있었지만 받아 주는 사람 중에는 엄청 환한 웃음으로 반기며 맞아 주시는 분들도 계셔서 너무 행복했다. 그러나 전도지와 풍선 개수가 얼마 되지 않아 전도는 생각보다 빨리 끝났다. 전도를 끝내고 콜로라도 기념품 가게에 들어가 Pikes Peak Train이라는 이름의 아이스크림을 먹었다. 두꺼운 초콜릿 칩이 들어 있었는데 한국 베스킨 라빈스의 '엄마는 외계인' 같은 맛이었다. 아이스크림을 먹고 숙소에 돌아와 선생님들이 만들어 주신 수제 버거를 먹었다. 빵을 못 먹어서 밥과 속재료를 함께 먹었는데 너무 맛있었다.

일정을 마치고 박화목 선교사님 첫째 아들인 출중한 님과 진로에 대해 이야기를 나눴다. 내 꿈에 대한 책과 유튜브 등 자료를 많이 찾아 보고 롤 모델로 닮고 싶은 사람을 정해 그 사람이 어떤 공부를 하고 어떤 대학을 나왔는지 찾아보며 가고 싶은 대학이나 공부를 정하라고 말씀하셨다. 꿈에 대해 막막하다고 생각하고 아득히 먼 미래라고 생각했는데 대화를 하고 나서 꿈에 대해 더 구체화 되고 꿈을 더 확실하게 정한 것 같아 너무 감사하고 행복했다. 내 삶이 확장되는 걸 느꼈다.

6월 23일 일요일, 예배를 드리기 위해 최모세 목사님의 가정 교회인 Bridal Lamp Church에 가게 되었다. 가기 전 나는, 가정교회에 대해 긍정적인 생각을 갖고 있진 않았다. 하지만 교회에 들어가니 목사님과 사모님께서 우리를 너무 반갑게 맞아 주시고 예배도 너무 은혜로웠다. 그래서 '하나님은 작은 가정교회의 예배를 더 기쁘게 받으시고 사용하실 수도 있겠구나.' 라는 생각이 들었다. 예배를 마치고 준비해 주신 점심을

먹었는데 메뉴가 정말 다양하고 하나하나 다 맛있었다. 점심을 먹고 교회에서 책도 보고 낮잠도 잤다.

    ILI로 돌아와 저녁으로 피자와 치킨이 나왔는데 나는 밀가루 때문에 피자를 먹지 못했다. 그러자 햇살 님과 펼치는 님이 주먹밥을 만들어 주셔서 너무 감사했다. 저녁을 먹고 훈훈한 님이 테라스에서 모닥불을 피우고 계셨다. 모닥불을 쬐며 찬양도 하고 감사 나눔도 했다. 고구마도 구웠는데 고구마 색깔이 내가 본 고구마 중 가장 주황색이고 먹음직해 보였다. 기대되는 마음으로 고구마를 먹었는데 처음엔 아무 맛도 안 났다. 계속 먹으니 당근 맛이 났다. 펼치는 님이 여기 고구마는 원래 그렇다고 하셔서 한국 고구마가 그리워졌다.

6월 27일 목요일, 새벽 3시 인도&이스라엘 일정을 마치고 본진이 돌아왔다. 너무 보고 싶고 그리웠던 꿈쟁이들을 봐서 행복하고 좋았다.

6월 29일 토요일, 킹덤 드림 센터에서 예배를 드렸다. 본진이 온 후 꿈청과 나를 포함한 몇 명은 숙소를 킹덤 드림 센터로 옮기지 않고 바로 예배를 드려 편하고 좋았다. 저번에 교제했던 일본어 선생님 막내 딸도 만나고 함께 찬양 드릴 때 깃발을 흔들며 춤도 추고 즐겁게 예배를 드렸다. 저번 주와 마찬가지로 특송도 부르고 우리를 축복해 주셨다. 예배를 마치고 지하에 내려가 밥을 먹었는데 일본어 선생님께서 내가 밀가루 못 먹는 걸 아시고 밀가루가 들어가지 않은 샐러드를 해오셨다고 말씀해 주셔서 너무 감사했다.

다양하고 맛있는 반찬으로 맛있게 점심을 먹고 Pikes Peak

에 갔다. 저번에 마니또 스프링스에 전도를 한 후 먹었던 아이스크림 이름과 같아 신기 했다. 차로 끊임없이 올라가며 창 밖 경치를 봤는데 구름이 우리 차보다 낮게 있었고 옆엔 아무런 울타리나 안전 장치가 없어 위험하다고 생각했다. 고도가 높아 여름인데도 얼음이 있었고 중간 중간에 귀여운 비버들을 볼 수 있었다. 차로 빙글 빙글 올라가는 모습이 천국 가는 길 같다는 생각이 들었다. 안개가 껴 앞이 잘 안 보인 데다가 구불구불 길이 나 있어 그랬던 것 같다. 4000m의 Pikes Peak는 고도가 높고 산소도 많이 없어 어지럽고 숨이 찼다. 박사님이 그릭 요거트를 사주셔서 풍경을 보며 그릭 요거트를 먹었다. 시간이 지나자 하늘이 온통 구름으로 덮였고 바람이 움직이는 것도 보여 신기했다. 절벽에서 사진도 찍고 저녁을 먹으러 바비큐 집으로 향했다.

  접시가 없고 식탁에 큰 종이를 깔고 먹는 방식이었는데 특이하고 신기했다. 소시지와 등갈비가 나오고 부드러운 돼지고기도 나와서 소스와 코울슬로와 감자 샐러드와 함께 정말 맛있게 먹었다. 엄청 배부르게 먹고 킹덤 드림 센터가 숙소인 사람들은 하겐다즈를 먹으러 갔다. 하겐다즈 매장이 마치 한국 베스킨 라빈스 매장 같이 생겨서 너무 신기했다. 많이는 없지만 한국에도 하겐다즈 매장이 있다고 하니 놀라워 했다. 커피 맛이 나는 아이스크림을 시키고 주변 매장을 둘러봤다. 8시가 조금 넘은 시간이었는데 식당 몇 군데 빼고 모두 문을 닫아 아쉬웠고 속상했다. 그래도 오랜만에 고깃집에 가서 행복하고 감사한 시간이었다.

6월 30일 일요일, 예배를 드리기 위해 꿈틀&꿈싹은 New Life Church에 갔다. 엄청 큰 교회였는데 놀이터도 있고 사탕도 나눠 주고 색칠 공부감도 나눠 주었다. 가정의 날이라 통합 예배를 드렸는데 사람이 정말 많았다. 찬양을 하는데 정말 콘서트처럼 웅장하고 멋있었다. 아는 찬양도 나와 따라 불러서 좋았다.

7월 3일 수요일, 박사님이 머무르셨던 호텔 안에 수영장이 있어 조를 나눠서 갔다. 올해 처음 가는 수영장이었는데 꿈쟁이들이랑 가서 좋고 더 재밌었다. 수영장 밖 테라스로 나가니 맑은 하늘과 풀 숲 같은 자연이 펼쳐져 있었다. 썬배드에 누워 책도 보고 음악도 들으니 정말 행복했다. 그렇지만 너무 뙤약볕이라 뜨거워 다시 수영장으로 들어갔다. 수영장 끝 쪽은 까

치발을 서도 턱까지 오는 수심이어서 깊고 좋았다. 수영장 한쪽엔 작은 온천도 있어서 수영을 안 하는 꿈쟁이들은 거기에 있었다. 정말 재밌게 놀았다. 가져온 옷이 없어서 그냥 물놀이 옷을 입고 나왔다. 여름인데도 바람이 쌩쌩 불고 너무 추웠지만 물놀이가 재밌어서 마냥 행복했다. 놀고나서 저녁으로 바비큐를 먹었는데 수영을 하고 와서인지 배가 고파 접시에 샐러

드, 과일, 고기, 옥수수 등 음식을 산처럼 쌓아 먹었다. 오랜만에 수영장에 가서 행복했다. 다음번에 기회가 된다면 수영장에 다시 가고 싶다.

7월 4일 목요일, 어제 하나님이 수영장에 또 가고 싶은 내 마음을 아신 건지 또 수영장에 가게 되었다. 원래 어제 안 간 팀만 가는 거였는데 그 팀이 1시간쯤 놀았을 때 우리도 합류해서 같이 놀았다. 사람이 많아서 더 재밌었지만 사고도 많았다. 울음 소리가 끊이지 않았다. 그래도 재밌게 1시간 30분쯤 놀다가 호텔 방에서 씻고 진이 다 빠진 채 나왔다. 이제 수영장에 또 가고 싶진 않다.

7월 5일 금요일, 마니또 스프링스에 가 전도를 했다. 2인 1조가 되어 거리를 돌아다니며 풍선과 전도지를 나눠주었다. 프리 허그도 하고 친구가 되라는 박사님의 말씀에 따라 다른 때보다 깊게 이야기하고 교제할 수 있었다. 전도를 다 한 뒤, 한 상점에 들어가 박사님께서 꼭 먹고 싶었던 아이스크림도 사주시고 각자 30불씩 주시며 쇼핑을 하라고 하셨다. 컵 받침도 사고 목걸이, 냉장고에 붙이는 자석도 샀다. 필요한 물건을 살 수 있게 해 주셔서 매우 감사했다.

저녁을 먹기위해 P.F.CHANG'S 라는 중국 퓨전 미국 음식점에 갔다. 중국집이었지만 짜장면, 짬뽕 같은 면요리는 없고 그냥 중국 음식만 있었다. 처음에는 우롱차가 나왔는데 복숭아 맛이 나서 신기했다. 그 후에는 가지 볶음, 닭 볶음밥, 깐풍기, 소고기 브로콜리 볶음을 먹었다. 다 처음 먹어보는 요리였는데 대체적으로 조금 짰지만 맛있어서 허겁지겁 배부르게 먹었다. 그 중 가지 볶음이 으뜸이었는데 껍질을 깐 가지와 여러 채소를 칠리 소스 같은 것에 볶았다. 너무 맛있어서 계속 먹고 싶은 맛이었다. 그리고 근처에 있는 스타벅스에 가서 음료도 사주셨다. 다 처음 보는 메뉴라서 용과 음료를 시켰는데 찐 핑크물에 건조된 용과가 작게 올려져 있었다. 마시면 안 될 것 같은 비주얼이었지만 '파워에이드' 같은 맛이 났다. 미국 음료들은 내 입맛엔 잘 안 맞는 거 같다. 미국은 텀블러가 굉장히 싸다고 해서 꼭 스타벅스에 가보고 싶었는데 예쁜 텀블러는 없고 무지개 무늬에 동성애를 상징하는 텀블러들이 많아서 마음이 아팠다. 미국에 부흥이 절실하다고 생각하게 되었고 다시 한번 복음 전파가 얼마나 중요한지 깨달았다.

KDC에 돌아가 근처 어느 웅장한 집의 마당을 걷고 있는데 박사님께서 담배 회사 말보로 모델의 집이라고 하셨다. 거의 경복궁 같은 크기였다. 아들을 위해 집안에 아이스 하키장을 만들었다고도 하셨다. 별장인데도 이렇게 크니 얼마나 부자일지 감이 잡히지 않았다. 하지만 그 분의 아내가 신실한 크리스천이어서 크리스천에게 이 집을 싸게 파실 생각이라고 했다. 그 집이 EROM에 기부되길 기도해야 한다.

  7월 7일 일요일, 갈보리 교회에 갔다. 그 교회는 여자는 모두 치마를 입어야 한다고 해서 신기했다. 우리는 특송 때문에 치마를 입진 않았다. 들어가자마자 많은 분들이 페스티벌 복장 같은 드레스를 입고 계셔서 놀랐다. 예배가 시작되고 다들 자유롭게 찬양하는 분위기여서 편안했다. 맨 앞줄에 앉은 많은 십자가 무늬가 새겨진 티를 입은 남자 애가 돌아다니며 사람들에게 손을 얹어 기도를 해주는데 정말 멋있었다. 보통 어른이 아이에게 기도를 해주거나 하는데 전혀 스스럼없이 다른 사람에게 기도하는 모습을 보니 내가 가지고 있던 어떤 편견이나 고정관념이 깨지는 순간이었다. 예배를 드리고 목사님이 특정 인물을 불러 일어나게 해 그들을 위해 기도하는 시간을 가졌는데 굉장히 흥미롭고 인상 깊었다. 한국 교회에도 이런 교회 문화가 들어오면 좋겠다.

  점심에 H마트에 가서 밥을 먹었다. 떡볶이와 치킨 마요 덮밥, 야채 김밥을 먹었다. 사장님이 한국 분이셔서 더 정감이 갔다. 왠지 맛이 없을 거 같다는 생각과 다르게 어느 한국 음식점과 비교할 수 없는 한국 맛이 났다. 미국 물가와 다르게 양이 엄청 푸짐해 3명이서 배 터지게 먹었다. 밥을 먹고 한인 마트 쇼핑을 했는데 미국에서 한국 제품, 일본 제품 등 여러 나라 물건들을 봐서 신기하고 색달랐다. 다른 나라에서 수입해서 그런지 엄청 다 비싸긴 했다. 그래도 오랜만에 한국어가 쓰여진 한국 물건들을 보니 기분이 좋았다.

  7월 8일 월요일. 아침 체조를 하는데 박사님께서 곰을 보라고 하셔서 밖에 나갔다. 밖으로 나가자 마자 곰 가족이 보였다. 좀 멀리 있어서 아쉬웠지만 너무 귀여웠다. 엄마 곰 한 마리와 아기 곰 세 마리가 있었는데 너무 귀여워 가까이서 보고 싶었다. 실물로 곰을 처음 봤는데 멀리 있어서 그런지 생각보다 무섭진 않았다. 점심에는 이은희 부회장님이 오셔서 우리에게 생식에 대해 설명해 주셨다. 강의를 통해 생식에 들어 있는 것들과 생식의 효능을 알게 되어 감사한 시간이었다.

7월 10일 수요일. 노아의 방주라는 곳에 래프팅을 하러 갔다. 이름이 노아의 방주인만큼 거기 모든 직원들이 크리스천이라 좋았다. 6~8명이 한 조가 되어 래프팅을 했다. 1단계 부터 6단계까지 있는데 우리는 1~3단계를 했다. 3시간 코스였는데 엄청 큰 바위들도 지나고 멋있는 산들, 고릴라 바위도 보고 너무 아름다웠다. 사진을 못 찍어서 아쉽다. 간간이 파도들도 있었는데 물이 튀겨 시원했다. 직접 노도 젓고 재밌는 경험이었다. 다음에는 6단계 코스까지 해보고 싶었다. 래프팅이 끝난 뒤 셔틀 버스가 왔는데 래프팅 직원들과 같이 탔다. 함께 가며 그들에게 찬양도 불러 주고 축복도 해줬다. 다음에 ILI에 초대해 같이 밥 먹기로 약속하고 마무리했다.

7월 11일 목요일. 어제 래프팅을 할 때 추워서 그랬는지 다녀온 뒤로 컨디션이 좋지 않았다. 열이 계속 나고 손, 발이 시리고 온몸이 저렸다. 처음 겪는 아픔이었다. 많은 분들이 걱정해주시고 밤 늦게까지 간호해 주셔서 너무 감사하고 죄송했다. 죽도 끓여 주시고 이뮨푸드도 주셔서 빨리 나을 수 있었다. 꿈쟁이들도 많이 챙겨 주고 기도해 줘서 고마웠다. 엄마가 없이 처음으로 많이 아팠는데 엄마가 많이 보고 싶었다. 이것도 다 훈련이라는 생각이 든다.

7월 18일 목요일, 점심에 중국집에 갔다. 거기도 가지 볶음이 나왔는데 제일 맛있었다. 여기는 껍질을 안 벗긴 가지 볶음이었다. 마도 들어가서 식감이 다채로웠다. 밥을 먹고 굿윌에 가서 골동품 구경도 하고 옷도 샀다. 저녁엔 제리코 기도원에 갔다. 기도원에 처음 가봤는데 그냥 교회 같았다. 앞에 나가 특송도 하고 북한에서 오신 주찬양 님의 간증을 듣고 북한을 위해 기도했다. 뜻 깊은 시간이었다.

7월 21일 일요일, 덴버 할렐루야 교회와 함께 연합 수련회를 했다. 초등부터 중등까지의 아이들이 왔다. 오자마자 몇몇 아이들이 침대로 올라가 베개 싸움을 시작해서 당황스러웠지만 저녁을 먹으러 내려왔다. 교회 권사님들께서 엄청난 양의 음식을 준비해 오셨다. LA갈비와 과일, 떡 등을 왕창 먹었다. 저녁을 먹고 짧은 강의를 들은 뒤 하루를 마무리했다.

7월 22일 월요일, 수련회 둘째 날, 연극을 했다. 성경 인물을 골라 직접 대본을 쓰고 연기하며 처음부터 끝까지 2시간 안에 다 해야 했다. 처음 성경 인물을 정하는 것부터 난관이었다. 의견은 안 맞고 애들은 돌아다니고 언어도 잘 안 통하고 총체적 난국이었다. 어렵게 '에스더'로 인물을 정했으나 대본을 적는 건 무리여서 내키는 대로 하라고 지시했다. 처음에는 왜 하나 싶던 연극이 열심히 연습하자 재밌고 뿌듯하게 마무리되었다. 팀원들이 잘 따라와줘서 감사했다. 연극을 하고 창조 과학으로 창조론에 대해 배웠다. 진화론을 주장하는 학자들도 본인들이 틀린 걸 아는데 창조론을 인정하면 하나님을 인정해야 되니 인정하지 않고 있다는 걸 알아 흥미로웠다. 다시 한번 창조론에 확신을 갖게 되었고 진화론을 완벽히 반박할 수 있어 기뻤다.

저녁을 먹고 집회를 했다. 다 같이 모여 북적북적 찬양을 하니 하나님께서 더 기뻐하실 것 같았다. 목사님의 설교를 듣고 뜨겁게 기도했다. 30분 정도 기도했는데 정말 짧고 굵은 기도였다. 기도를 오래하는 건 많이 해봤지만 이번처럼 뜨겁게 기도한 적은 없었다. 많은 사람이 기도는 양이 아니라 질이 중요하다는 것을 깨달았고 정말 성령의 역사라는 걸 깨달았다.

　7월 23일 화요일, 수련회 셋째 날, 찬양 페스티벌을 했다. 조에서 두 개의 찬양을 정해 발표하는 것이었다. 쉬울 줄 알았던 프로그램이 막상하고 나니 연극보다 힘들었다. 그렇지만 이번에도 성령님의 이끄심으로 재밌게 잘 마무리할 수 있었다.

　의로운 님께 성공에 대한 강의를 들었다. "공부는 가족, 교회, 사회 등을 사랑하기 위해 하는 것이고 사랑은 자신을 희생

해 다른 사람의 가치를 높이는 것이다. 마음의 거룩한 부담감이 있는 곳은 자신이 부름 받은 곳이다." 이 강의를 듣고 마음에 감동이 왔다. 세상적 성공과 성경적 성공을 분별하게 됐고 내가 바랐던 성공은 세상적 성공이란 것을 깨달았다.

 마지막 집회에서 방언에 대해 배우고 많이 기도했다. 부모님, 가족에 대한 기도도 많이 했다. 30분 동안의 기도를 통해 성령의 역사가 일어났다. 7~8살 된 아이들을 포함한 많은 아이들이 방언을 받고 환상을 보고 몸에 힘이 풀려 쓰러졌다. 정말 놀라웠다. 한 명씩 나와 간증을 하는데 다들 눈물을 흘렸다. 하나님은 아이들의 기도를 기뻐하시는 줄 믿게 되었다. 뜨거운 기도회를 하고 프리 위십을 했다. 처음엔 다들 수줍어 하던 아이들이 모두 신나게 뛰고 찬양하는 모습이 정말 보기 좋았다.

7월 24일 수요일, 수련회 마지막 날, 수련회 소감문을 썼다. 많은 아이들이 발표를 했는데 덴버 할렐루야 교인 모두 우리를 칭찬하고 있었다. 한 명 한 명 각자의 언어로 써 내려간 소감문을 들으니 감동되고 재밌었다.

7월 25일 목요일, 식사 후에 수 선생님께 수업을 받았다. Repent와 Remorse, Sorry와 Forgive. "우리는 깊게 후회하는 것이 아니라 회개해야 한다. Sorry는 상대방의 동의는 묻지 않은 체 일방적으로 사과하는 것이다. 우리는 용서해달라고 해야 한다. 덴버 할렐루야 교회 수련회 소감문에서 그 아이들은 우리를 칭찬하는 자유로운 내용이 담겼는데 IDS는 주입식 교육의 형식적인 감사만 했다"고 하셨다. (음식이 맛있었다, 프로

그램이 재밌었다.) 그 말을 듣고 노력을 해도 그 차이가 뚜렷할 것만 같아 서글펐다. 그리고 나조차 사랑 못하면서 열방을 위해 기도하는 게 모순인 것을 깨달았고 하나님은 분명한 순서의 하나님, 질서의 하나님인 것을 알았다. 그래서 나부터 사랑하기를 다짐했다.

7월 28일 일요일, 덴버 할렐루야 교회에 갔다. 가자마자 치킨 냄새가 나서 기분이 좋았다. 사모님께서 우리에게 주시려고 밤부터 닭을 사 하나하나 요리하셨다고 해서 감사했다. 다들 너무 반겨 주셔서 고마웠고 또 반가웠다. 수련회에서 편한 모습만 보다가 꾸미고 예쁜 옷을 입은 모습을 보니 귀엽고 새로웠다. 찬양이 모두 한국 찬송가여서 신기하고 진짜 한국에 온 것 같았다. 특송도 하고 직접 준비해 주신 밥도 먹었다. 비빔밥, 치킨, 새우튀김, 떡, 수박을 준비해 주셔서 다양하고 맛있게 먹었다. 점심을 먹고 다 같이 큰 공원에 가서 놀았다. 미국 호수는 엄청 더럽고 이끼도 많았다. 공원 한 쪽엔 공주 옷을 입고 생일 파티를 하는 사람들과 웃통 벗고 조깅하는 사람들, 형형 색색 집들이 조화를 이뤄 아름답고 진짜 미국 풍경이었다. 모든 게 다 감성 있었다. 큰 나무에는 청설모가 엄청 많았다.

몇몇 아이들이 간식을 주자 쪼르르 달려와서 벌떼 같이 먹고 갔다. 엄청 귀여웠다. Ross라는 가게에 가서 옷도 사고 물건들도 샀다. 브랜드가 싼 값에 판매되고 있어서 신기했다. 모두 재밌고 행복한 하루였다.

8월 2일 금요일, 이번엔 기도만 하기 위해 제리코 기도원에 갔다. 항상 어디를 가나 통성으로 기도해야 할 것 같은 부담이 있었는데 조용히 개인 기도만 하는 곳이라 부담이 덜 됐다. 짧은 시간이지만 정말 뜨겁게 기도했다. 은혜로운 시간이었다.

점심을 먹고 나서 어떤 산 같은 곳을 갔다. 넓고 탁 트여 〈플란다스의 개〉에 나오는 들판이 생각났다. 쭉 이어진 길을 따라 걸으며 흰색 암벽들도 보고 산책을 했다. 밤에 ILI에 돌아와 현준이 생일 파티를 했다. 밝은 님께서 당근 케이크도 만들어 주셨다. 먼저 한국에 가신 현준이 어머니께서 현준이에게 카드를 남겨 주셨는데 그걸 읽자마자 엉엉 울길래 당황하기도 했지만 귀여웠다. 그렇게 기분 좋게 하루를 마무리했다.

이번 두 달 동안 미국 일정에서 힘들기도 했지만 그 힘듦으로 인해 많이 성장했다고 생각한다. 귀한 분들과 교제하며 하나님에 대해 더 알아가는 시간이었다. 어쩌면 평생 할 수 없을 경험도 많이 했다. 처음에는 투정도 부리고 짜증도 냈지만 많은 걸 깨닫고 배우며 감사로 마무리할 수 있어서 감사하다.

 힘든 것을 기도와 감사로 이겨낼 수 있는 기회가 된 여정이었다.

살리는 정시온

우리가 구해야 할 것

2024년 6월 11일 부터 8월 9일까지 인도와 이스라엘 그리고 미국에서 최고의 시간을 보내고 왔다. 그 시간을 함께 나누려고 한다.

인도와 이스라엘로 출발하기 전 인도는 이례적인 폭염 때문에 상황이 좋지 않다는 것과 이스라엘에서는 여전히 전쟁으로 고통받고 있다는 얘기를 들으며 준비를 했다. 이런 사실들로 기대와 설렘보다 걱정이 조금 더 앞선 일정이 시작됐다. 해밀리를 떠나 인천공항으로 가 미국팀과 헤어짐의 시간을 가진 후 인도로 가기 위한 비행기에 올라탔다. 곧 출발할 줄 알았던 비행기가 2시간 정도 연착되었다는 소식을 듣고 기분이 안 좋았지만 "긍정적으로 생각해 보자"라는 마음이 들어 노래도 듣고 영화도 보며 나름 알찬 시간을 보내며 인도 땅 델리에 도착했다.

인도에 도착해 공항 밖에 나가자마자 우리를 반겼던 것은 한국에서는 상상하지도 못할 더위였다. 그 더위를 맛보며 우리는 유리도 깨지고 앉을 자리가 없어 다 끼여서 타는 인도 버스를 타고 이동했다. 더위는 태어나서 처음 느낀 더위였고 버스는 굴러가는 것이 기적이었다. 오자마자 인도 현실판을 경험하며 일정에 대한 기대와 걱정이 들었다. 버스에 내려 우리 버스로 바꿔 타고 이동하게 되었다. 너무 더웠고 비행기에서 내린 후라 졸렸기에 기분이 좋지 않았는데 함께 찬양을 부르니 기쁨이 채워지는 시간이었다. 숙소에 도착해 다음 날부터는 더 많은 것들을 보고 경험할 것을 소망하며 하루를 마무리했다.

인도에서의 첫 아침이 밝았다. 버스에서 본 인도의 모습은 동남아 나라들과 비슷한 모습이었지만 중간중간 인도 특유의 느낌을 내뿜는 건물들과 힌두교적인 건물들을 볼 수 있었다. 그렇게 버스를 타고 간 방문지는 무굴 시대의 샤자한이 만든 아내의 무덤이자 세계적인 건축물인 타지마할과 아그라 성이었다. 교과서에서만 보던 것이 눈앞에 펼쳐져 신기했다. 더운 날씨 때문에 자세히 보고 느끼지 못했던 것이 너무 아쉬웠다. 그래도 성 안에 들어가 정교함을 보니 "우와"라는 감탄이 나왔다. 더운 날씨 때문에 지쳤기에 감사가 줄줄 흘러나오지 못했지만 내일은 더 나은 환경일 것을 기대하며 또 남은 일정은 인도를 더욱더 품으며 나아가는 나날들이길 기도하며 내일을 기다렸다.

델리에서 마지막 날 바하이 템플과 간디 기념관에 갔다. 델리에서 가장 인상 깊었던 곳을 고르라 하면 나는 이 두 곳을 고르고 싶다. 바하이 템플은 바하이 신앙의 템플이다. 바하이 신앙이란 구원보단 일치와 평화를 내세우며 종교는 하나라고 말하는 종교혼합주의 사상을 가진 종교이다. 종교혼합주의는 말로는 정말 좋지만 그 안에는 기독교를 박해한다는 사실을 깨달았고, 간디 기념관에서 간디의 이야기와 사상들을 보며 우리는 간디를 역사적 위인으로 평가해야 하지만 기독교적인 측면으로 바라보아야 한다는 이야기도 들었다. 그러면서 우리가 이 마지막 때에 뱀처럼 지혜롭고 비둘기처럼 순결해져 세상에 나아가야 한다는 사실을 제대로 깨달을 수 있었다.

인도의 수도 델리를 떠나 우리는 경제의 중심지 뭄바이로 떠나는 기차에 몸을 실었다. 인도에 가기 전부터 제일 걱정했던 것은 기차였다. 인터넷에서 본 기차들은 정말 열악했기 때문에 걱정하며 기차를 탔는데 보던 것들과 똑같은 기차가 나와 놀랍지는 않았지만 16시간을 버틸 수 있을까 라는 생각이 들었다. 침대 기차 좌석에 가보니 예상했던 대로 쉽지 않았다. 평소에 차, 기차 등에서 잠을 잘 못 자 16시간이 걱정되었지만 너무 감사하게도 눕자마자 잠이 솔솔 찾아와 줬다.

저녁 8시에 잠이 들었고 다시 깨어난 시간은 오전 8시였다.

새벽에 중간중간 깨긴 했지만 다시 자서 16시간을 버틸 수 있었던 거 같다. 눈을 뜨자마자 컨디션은 최악이었다. 나의 머리와 배에서는 전쟁을 치르고 있었고 뭄바이 역에 내려보니 꿈쟁이들의 컨디션 또한 좋지 않았다. 과연 오늘 일정을 잘 소화할 수 있을까 라는 걱정이 들었지만 휴식을 취하니 회복이 돼 일정을 이어나갈 수 있었다. 힘들었지만 그 힘듦에도 우리를 챙겨주시는 선생님들과 서로를 챙기고 기도해 주는 꿈쟁이들을 보며 동역자를 보내 주심에 감사함을 느끼는 시간이었다.

뭄바이에서 제일 먼저 방문한 사역지는 현지 교회들이었다. 첫 교회에서 풍성한 기도와 찬양을 한 후 슬럼가 교회로 갔다. 이런 곳에 교회가 있을까 라는 생각이 들 정도로 열악한 곳이었다. 그곳에서 교회를 섬기고 있는 청년들과 함께 찬양을 한 후 말씀을 들었다. 교회 목사님께서는 전도서 12장 1절 말씀인 "너는 청년의 때에 너의 창조주를 기억하라"라는 말씀을 전해 주셨다. 그 말씀을 놓고 나와 IDS, 교회에 모인 청년, 그것을 넘어 인도와 전 세계의 다음 세대가 그렇게 되길 소망하며 기도하는 시간을 가졌다. 컨디션이 다시 다운된 상태에서 회복을 소망하며 하루를 마무리했다.

뭄바이에서 2일 차 아침이 밝았다. 많이 회복되었지만 침대

기차의 여파가 여전히 남아 있었기에 컨디션이 좋지 않은 상태에서 일정이 시작되었다. 가장 먼저 방문한 곳은 길거리 아이들을 데려다가 케어해 주는 뭄바이의 학교였다. 좋지 않은 컨디션으로 잘 참여할 수 있을까라는 걱정이 앞섰지만 들어가 아이들의 모습을 보고 함께 찬양을 하니 몸이 아팠던 것은 생각나지 않고 그 일정에 열심히 참여할 수 있었다. 찬양 세 곡을 함께 뛰며 불렀는데 '불을 내려주소서'를 부를 때 하나님께서 인도 땅에 불을 내려주셨던 거처럼 이곳 아이들도 하나님을 알게 해달라고 기도했다. 비록 찬양이 한국어였지만 이것이 아이들 마음 한가운데 잘 심겨 언젠가는 자라나길 소망하는 시간이었다. 그 후 아피야, 아디띠아, 오잘라, 칼람이라는 친구들과 함께 그림을 그리며 직접적으로 복음을 전할 수는 없었지만 좋은 추억을 나눌 수 있어 너무 행복한 시간이었다.

그 뒤로도 인도 여성을 대상으로 교육을 해주는 옷 교육장과 현지 교회에 있는 어린이 학교를 방문해 찬양의 향기를 뿜으며 사랑을 전하는 의미 있는 시간을 보냈다. 많이 덥고 체력적으로도 힘든 일정들이었지만 아이들이 찬양하는 모습을 보니 힘이 생겼던 거 같다. 하루 동안 만난 인도인들은 너무 순수하고 밝았다.

인도에서 가장 중요한 일정 BSH 집회가 열리는 아침이 밝았다. 다라비 교회에서 예배를 드리며 찬양과 간증이 넘쳐나는 것을 알 수 있었다. 언어가 달라 정확한 내용을 알 수는 없었지만 찬양할 때 하나님을 향한 간절함과 뜨거움이 보였다. 특히 어린아이들의 입술에서 찬양의 고백이 흘러나오는 것을 볼 수 있어서 감사했고 인도에 부흥이 일어나고 있다는 것이 실감되는 시간이었다. 예수마씨를 부르며 똑같은 고백을 각자의 언어로 하는 것이 얼마나 귀한지 느꼈다. 저녁 BSH 집회 설교 때 겨자 씨 한 알 만한 믿음에 대해 이야기 해주셨는데 불가능이 없으신 하나님만 바라보며 믿음 안에 살아가는 삶이 얼마나 중요한지 생각했다. 인도에서 예배를 드릴 때 정말 더웠다. 하지만 인도 교회 성도들은 예배에 집중하고 있었다. 그 모습을 보며 편안한 환경에서 예배 드림에도 불구하고 집중하지 못하고 불편한 것에 바로 불평했던 것을 되돌아 보았고 좋은 환경에서 예배할 수 있었던 것도 은혜임을 깨달았다.

인도 BSH 집회를 마지막으로 우리의 인도 여정은 끝이 났다. 우리가 밟은 곳곳에서 찬양의 향기가 넘쳐 났었다. 비록 힘들기는 했지만 힘든 만큼 우리의 마음에 주님이 더 다가오신 일정이었다. 인도에서 발을 떼어 우리의 발을 이스라엘로 옮겼다.

이스라엘에 도착하자마자 선교사님과 특전단 팀원 분들께서 찬양과 함께 우리를 반겨주셨다. 이번 이스라엘의 일정은 우리끼리 소화하는 것이 아니라 사랑의 봉사단 팀, 통일 선교회 팀 분들과 함께하는 일정이었다. 우리는 마라나타 선교 특전단이라는 이름 아래 하나가 되어 이스라엘 땅을 밟았다.

첫날밤을 무사히 보내고, 바로 이튿날 아침이 밝았다. 아름다운 지중해가 펼쳐진 나타니야 숙소에서 가이사랴 라는 곳으로 이동했다. 가이사랴는 이스라엘의 항구 도시로 1세기 경 헤롯 대왕이 건설한 곳이다. 이곳은 사도 바울이 잡혔던 곳이자, 본디오 빌라도가 머물렀던 곳이었다. 우리는 가이사랴에서 1세기 동안 일어났던 일들과 살았던 사람들의 이야기를 들었고 바울이 갇힌 감옥과 헤롯 대왕이 건설한 항구, 경기장, 야외 공연장을 봤다. 그래서 신약 시대부터 이스라엘 멸망 전까지에 대한 역사를 알 수 있었다.

가이사랴에서 북쪽으로 이동해 갈멜산에 도착했다. 성경에서 갈멜산 이야기를 들을 때마다 한라산, 백두산처럼 큰 산인 줄 알았는데 실제는 그렇지 않았다. 그곳은 엘리야가 바알 선지자들과 영적 전쟁을 할 때 불을 받았던 곳이었다. 엘리야가 그곳에서 성령의 불을 받았던 거처럼 우리도 성령의 불을 바라며 기도한 후 꼭대기에 올라 성경에 있는 지역들을 보며 성경과 연결했다. 실제 지명을 보며 성경 스토리를 생각하니 성경을 더 잘 이해할 수 있었다.

갈멜산에서 조금 내려와 텔 므깃도로 갔다. 텔 므깃도에서 솔로몬 시대부터 쌓인 왕국들의 이야기와 전쟁 이야기를 들었다. 텔 므깃도는 전략적으로 중요한 곳 중 하나였기에 전쟁이 가장 많이 일어났던 곳이자, 최후의 전쟁이 일어날 곳이다. 그렇기에 마지막 때를 준비하는 우리에게는 중요한 곳이기도 하다. 이곳에서 마지막 때에 대한 이야기를 들으며 그때를 예비하며 살아가는 내가 되길 소망하는 시간이었다.

예수님께서 어린 시절을 보내신 나사렛에 방문 후 숙소가 있는 갈릴리 지역으로 이동했다.

이스라엘에서 보내는 첫 하루는 정말 즐거웠다. 평소에 알지 못했던 성경 스토리, 알고 있었던 성경 스토리를 새겨들으며 새로운 사실들을 알게 되었다. 너무 즐거웠던 하루였기에 내일은 얼마나 더 즐거울지 기대하며 하루를 마무리했다.

이스라엘에서 3일차 아침이 밝았다. 호텔에서 일어나 커튼을 여니 갈릴리 호수가 눈앞에 펼쳐졌다. 갈릴리 호수는 정말 고요했고 넓었다. 작은 호수일 거라고 생각했는데 아니었다. 넓디넓은 갈릴리 호수를 보며 오병이어 교회를 제일 먼저 방문했다.

이스라엘의 많은 건물들은 무너지고 지어지고를 반복하며 층층이 쌓였다. 교회를 시작한 것은 비잔틴 시대였고 그때 사용한 양식이 비잔틴 양식이었다. 오병이어 교회는 그 비잔틴 시대 때 지어진 곳이었다.

오병이어 교회 방문 후 베드로 수위권 교회에 갔다. 베드로 수위권 교회는 베드로가 예수님을 부인한 후 예수님께서 베드로를 다시 만난 곳으로 베드로가 이곳에서 주를 사랑한다고 고백하며 다시 비전을 받은 것을 기념한 교회였다. 베드로가 예수님을 사랑한다고 고백했던 거처럼 나도 예수님께 사랑한다고 고백했다. 그러면서 서로를 축복하는 시간을 가졌다. 베드로의 고백처럼 우리의 삶이 예수님만을 사랑하는 삶이 되길, 또 넘어져도 우리를 다시 부르시고 만나주시는 주님의 소명을 기억하며 다시 일어나는 우리가 되길 기도하고 결단했다.

베드로 수위권 교회는 갈릴리 호수에 있었다. 그렇기에 우리는 갈릴리 호수에 들어가 볼 수 있었다. 숙소에서 호수를 보기는 했지만 발을 담가보지 못해 아쉬웠는데 이곳에서 물에 들어갈 수 있어서 너무 행복했다. 갈릴리에서 예수님의 발자취를 밟은 후 가버나움으로 이동했다.

가버나움은 예수님께서 가장 많은 사역을 한 곳이었다. 성경에 나오는 중풍병자 이야기, 침대를 옮겨 친구를 살린 이야기, 야이로 딸을 고친 일 등등 많은 사건들의 배경이 되는 곳이 가버나움이었다. 나는 이곳에서 주님의 기적들을 되새김해 보며, 회당도 가보며 예수님의 흔적을 보았다.

예수님께서 마태복음 5, 6, 7장 말씀을 하신 팔복 교회를 방문했다. 팔복 교회는 갈릴리 호수가 펼쳐지는 언덕에 있었다. 팔복 교회 주변의 푸릇푸릇함과 갈릴리의 탁 트인 모습은 정말 아름다웠다. 이 아름다운 곳에서 사진도 찍으며 또 예수님께서 하신 말씀들을 다시 한번 묵상하며 시간을 보냈다. 많은 말씀 중에 내가 이곳에서 묵상한 말씀은 마태복음 5장 14절이었다. "너희는 세상의 빛이라 산 위에 동네가 숨겨지지 못할 것이요." 평소에도 이 말씀을 묵상했었지만, 이번에는 예수님께서 말씀하신 그 장소에서 묵상하게 되니 더 나의 마음에 잘 박혔다. 세상의 빛임을 다시 한번 깨닫는 시간이었다.

오전 일정을 마치고 점심으로 베드로 물고기를 맛있게 먹은 후 배를 타고 갈릴리 바다를 돌았다. 배를 타는 것이 처음이라 걱정이 되었는데 막상 타보니 무섭지 않았다. 배에서 애국가도 부르고 함께 기뻐 뛰며 찬양하면서 행복하고 의미있는 시간을 보냈다.

우리의 다음 일정은 요단강 세례 터였다. 요단강 세례 터에 가기 전 박사님께서 요단강에서 세례를 받을 친구가 있는지 물어보실 때 나는 이미 유아 세례를 받았으니 너 이야기가 아니

라고 생각했다. 하지만 주님을 나의 구주로 모시고 받는 것이 진정한 세례라고 하셨다. 그렇다. 유아 세례는 내 신앙 고백이 아니었다. 그래서 나는 요단강에서 세례를 받기로 결정했다. 그렇게 주님이 세례 받은 그곳에서 많은 분들과 함께 나도 세례를 받았다. 세례 받을 때 주님의 자녀라 선포했던 거처럼 주님만을 바라보며 신앙을 쌓아가는 주의 자녀가 되길 결단하는 시간이었다.

예수님께서 세례를 받으시고 시험산에 가셔서 40일 동안 시

험을 받으셨다. 우리도 그 길을 따라 시험산을 방문해 보았다. 시험산을 방문 후 예루살렘 숙소에 가서 예배를 드리며 하루를 마무리했다. 이날 주님께서 자주 머무셨고 사역했던 곳 위주로 돌았다. 어릴 때 자주 부르던 찬양 중 "주의 발자취를 따름이 어찌 그리 즐거운 일 아닌가"라는 찬양이 생각났다. 이 하루는 이 찬양 그대로의 하루였다. 주님의 발자취를 따랐기에 너무나 행복한 하루였다.

아침에 일어나 예배를 통해 우리는 하나님께 캐스팅됐다고 생각하며 하루를 시작했다. 예수님께서 승천하신 감람산에 가서 그곳을 직접 보니 마라타나 주님을 더 바라보고 기도할 수 있었다. 또 우리가 주님을 바라보며 기도할 때 낮인데도 불구하고 하늘에 북두칠성이 떠 있는 신기한 광경을 보았다. 기도 후 승천 교회에 들어갔다. 천장이 있는 것에 대해 아무 생각이 없었는데 원래 천장이 있었던 것이 아니라 예수님을 다시 못 오게 하기 위해 승천 교회에 천장을 만든 것이라는 사실을 알게 되었다.

주기도문 교회에서 주기도문이 주님 주신 기도라는 사실도 알게 되었다. 주님이 알려 주신 기도라는 것은 알았지만 직접 들려주신 기도라는 사실은 처음 알았다. 주기도문이 얼마나 중요한 기도인지 깨달은 시간이었다. 예루살렘 전망대에서 예루살렘의 전경을 본 후 말로만 듣던 겟세마네 동산에 갔다. 그곳에는 2000년 된 올리브 나무가 있었는데 예수님께서 직접 기도한 걸 본 나무가 신기하기도 부럽기도 했다. 주님께서 기도하신 그곳에서 나도 기도할 수 있어서 좋았다.

겟세마네를 떠나 히브리대학을 방문했다. 캠퍼스를 돌며 공부에만 집중할 수 있는 환경이기에 노벨 수상자가 많은 게 아닐까라는 생각이 들었다. 히브리대학은 이스라엘이 건국되기 전부터 세워졌다. 그 사실을 알고 교육과 꿈을 꾸는 것이 얼마나 중요한가를 깨달았다.

히브리대학에서 우리는 마가의 다락방으로 이동했다. 그곳은 나의 이스라엘 일정 중 가장 좋았던 곳 중 하나였다. 마가의 다락방을 가는 길에 시온문 앞에서 사진을 찍었다. 역사적인 순간이었다. 그렇게 시온문을 지나 마가의 다락방에 도착했다. 다른 관광객들이 없었기에 마가의 다락방에 임했던 성령의 불을 사모하며 뜨겁게 기도했다. 내가 기도할 때 주님의 사랑을 알게 해 주셨고 생각나게 해 주셨다. 하지만 그 사랑을 모두가 알지 못한다는 사실이 속상했다. 그래서 하나님의 군대가 되겠다는 결단을 하게 해주셨다. 또 주님을 사랑한다고 고백하게 하셨다. 이곳에서 기도한 후 내가 이곳에 온 것이 하나님의 부르심이라는 것을 느꼈고 그 부르심에 감사함을 느꼈던 시간이었다.

많은 은혜를 품고 대제사장 가야바의 집, 베드로 통곡 교회에 도착했다. 이곳은 예수님께서 십자가에 달리셨을 때 베드로가 상황을 파악하러 가 닭 울기 전 3번 부인한 곳이자, 예수님께서 십자가에 달리시기 전 심문 당하시고 갇히셨던 곳이었다. 이곳에서 베드로 부인 사건을 재현하고 대제사장 가야바의 집

지하의 물 저장소를 보며 그때를 생각해 보는 시간을 가지며 4일 차 일정이 마무리되었다.

일정을 마무리한 후 예루살렘에서 살짝 남쪽으로 내려가 예수님이 태어나신 베들레헴에 도착했다. 베들레헴은 팔레스타인의 서안 지구에 있는 도시였다. 즉 베들레헴은 이스라엘의 땅이 아니었다. 이곳은 철저히 통제되어 있는 곳이었다. 이곳에 오니 현재 전시 상황에 놓여 있는 이스라엘의 긴장감을 더 느낄 수 있었다. 그럼에도 주님의 보호로 우리는 안전하게 숙소까지 도착해 예배로 하루를 마무리했다.

5일 차와 6일 차 일정은 BHS 집회였다. 아침부터 BSH 집회가 있을 벳 할렛 교회를 방문했다. 박사님의 강의와 조영훈 목사님의 강의를 들으며 BSH에 대한 설명을 다시 한 번 듣고, 이스라엘 목사님들과 아랍 목사님의 강의를 들었다. 또 이번 집회는 이스라엘만의 BSH 집회가 아닌 이스라엘과 NEW 대한민국(통일 한국)의 BSH 집회였기에 북한에서 오신 마라나타 선교 특전단 분들의 강의도 들었다.

강의를 들으며 우리가 이스라엘의 상황을 구체적으로 알고 기도해야 한다는 것을 알게 되었다. 처음에는 이 내용에 대해 잘 알지 못했다. 하지만 후에 북한을 위해 기도할 때 그것을 깨달았다. 집회가 있기 며칠 전 버스에서 북한에서 오신 목사님께 북한에 대한 이야기를 들었기 때문이다. 하나님이 북한에 계속 계셨다고 이야기를 해주셨다. 북한의 고난의 행군, 장마당 그 모든 것이 하나님의 일하심이었다는 것과 북한에서는 지금도 기적이 계속 일어나는 중이라는 것을 말해 주셨다. 나는 이 이야기를 통해 북한의 상황을 더 잘 알 수 있었고 집회 때 북한을 향한 마음을 더 주신 것을 느꼈다. 그러면서 그 나라의 상황을 잘 아는 것이 얼마나 중요한지 깨달았다.

하나님께서는 그날 우리를 가자 지구 국경으로 이끄셨다. 원래는 예정에 없었으나 상황이 되어 우리는 가자 지구 국경으로 가게 되었다. 가자 지구 국경에서 유대인들을 만났다. 그리고 그곳에서 사과 편지를 전달했다. 과거 기독교인들이 유대인들에게 한 잘못에 대한 편지를 주며 전도를 했다. 우리는 함께 이스라엘의 국가와 민족 노래를 부르며 하나가 되었고 우리는 그들에게 그들은 우리에게 축복송을 불러 주는 시간을 가졌다.

그 후 가자 지구를 바라보며 뜨거운 기도와 찬양을 한 후 돌아가려던 그 순간 이스라엘 군인을 만났다. 우리는 그 군인들로부터 하마스의 악행에 대해 들었다. 차마 상상할 수도 없는 악행을 하마스가 벌였다는 것이 너무 충격적이었다. 마지막으로 그 군인은 이스라엘을 위해 기도해 달라고 또 하마스에 있는 다음 세대를 위해 기도해 달라고 당부했다. 처음에 나는 그들이 왜 그러는지 이해할 수가 없었다. "같은 사람이 어떻게 사람에게 그런 끔찍한 일을 벌였을까?" 고민을 했다. 그들은 어릴 때부터 그것을 당연하게 받아들였기 때문이라는 것을 깨달

았다. 지금의 실정을 보고 자라는 하마스의 다음 세대들은 이 것이 당연한 것이라고 여기게 될 것임을 알게 되었다. 그리고 하마스 뿐만 아니라 이 세상에는 빛과 어둠을 구분하지 못하는 세대가 많다는 것을 생각하게 되었다. 이스라엘을 위해 하마스를 위해 또 그 다음 세대들을 위해 그것을 넘어 어둠을 알지 못하는 세상을 위해 깨어 기도하는 자가 되길 기도했다.

집회 2일 차, 집회에서 함께 찬양을 했다. 언어가 달랐지만 같은 주님 한 분만 높이며 찬양할 수 있어서 너무 행복했다. 찬양 가사를 알지 못했지만 찬양의 본질은 주님을 높여 드리는 것이라는 사실을 다시 한번 깨닫는 시간이었다. 다양한 분의 강의를 들었다. 그중에 제일 기억에 남는 말씀은 아랍 목사님의 말씀이었다. 우리에겐 골리앗을 이길 돌보다는 다윗의 심성이 중요하다는 말씀을 듣고 우리가 구해야 할 것은 싸울 무기, 힘, 능력이 아니라 주님을 신뢰하며 담대히 나아가는 마음을 구하는 것이 더 중요하다는 것을 알게 되었다. 내가 지금까지 구했던 것이 골리앗을 이길 돌이었다는 것도 알게 되었다. 우리에게 모든 것이 주어져도 하나님이 없으면 안 된다는 사실을 기억하며 하나님을 향한 그 마음을 먼저 잡는 내가 되길 결단했다.

그리고 또 다른 아랍 목사님의 강의였다. 그 목사님께서는 주님께서 물으실 때는 "네"라고 대답하라는 설교를 듣고 아… 내가 주님께서 물으셨을 때 "지금 상황은 이렇고 이렇습니다." 또는 "하나님! 이것은 가능한 것이 아닙니다." 이런 대답을 먼저 내놓는 것이 아니라 즉각 순종을 해야 한다는 믿음이 왔다.

BHS 집회를 잘 마친 후 우리는 기도의 집에 갔다. 그곳에서 예루살렘을 바라보며 이스라엘의 회복과 다시 오실 주님을 바라보며 기도하고 찬양하는 시간을 가졌다. 이때 주님께서 다시 오심에 대한 완전한 확신과 믿음이 생겼다. 그러면서 이스라엘의 중요성을 다시 한번 깨달았다. 다시 오실 주님을 찬양할 수 있어서 너무 행복했던 시간이었다.

다음 날 유대 땅 작은 마을 베들레헴에서 눈을 떴다. 첫 일정으로 예수님께서 탄생하신 탄생 교회를 방문했다. 탄생 교회로 들어가는 입구는 낮았다. 낮은 자의 모습으로 오신 예수님처럼 나도 더 낮아지길 소망했다. 탄생 교회에서 각기 다른 세 종교가 예배를 드리는 모습도 보고 예수님께서 태어나신 지하 마구간에 들어가 보았다.

탄생 교회를 끝으로 베들레헴을 떠났다. 베들레헴에서 브엘세바를 거쳐 도착한 곳은 벤구리온대학, 무덤이었다. 우리는 이곳에서 이스라엘 군인들을 보았다. 그때 우리는 이스라엘 국가와 민족 노래를 불렀다. 그러자 어떤 이스라엘 군인은 함께 부르기도 하였고, 또 어떤 군인은 눈물을 흘리기도 하였다. 남녀를 구분하지 않고 나라를 사랑하는 마음을 가진 이스라엘 사람들을 알 수 있었다. 또 벤구리온대학과 무덤에서 건국의 아버지 벤구리온의 이야기를 들었다. 나라를 세우기 위한 한 사람의 이야기가 너무 아름다웠다. 그렇게 아름다운 역사를 보고 자란 이스라엘이기에 많은 국민들이 나라를 사랑하지 않을까라는 생각이 들었다.

우리나라도 이스라엘과 비슷한 역사 이야기가 많이 있다. 또 이스라엘이 전쟁 중이듯 우리나라도 휴전일 뿐 아직 전쟁 중인 나라이다. 그렇지만 나를 포함한 많은 대한민국의 다음 세대 마음속에 나라를 사랑하는 마음이 많이 없다는 것을 깨달았다. 나라를 사랑하는 마음을 가지고 이 나라를 위해 더 기도하는 내가 되길 소망했다.

벤구리온대학과 무덤을 간 후 미쯔페 라몬에 갔다. 벤구리온대학과 무덤이 있는 곳 그리고 미쯔페 라몬은 모두 광야였다. 광야, 성경에서 많이 들어보았지만 실제로 보는 광야는 정말 아무것도 없었다. 광야에서 의지할 곳은 주님밖에 없다는 말이 확 와닿는 순간이었다. 그러면서 이스라엘 백성 생각이 났다. 40년 동안 그들이 이곳에서 생활한 것이 믿기지가 않았다. 평소에 성경을 읽으며 "하나님께서 구름기둥과 불기둥으로 인도하셨는데 왜 계속 불평을 하는 걸까?"라는 생각이 들었는데 실제 광야를 보니 "와 이 상황에 불평을 안 하는 것이 가능할까?"라는 생각이 들기도 했다.

미쯔페 라몬은 지나가는 모기 한 마리라도 보일 정도로 고요한 곳이었다. 그 고요한 곳에서 혼자 생각을 해보니 마음이 더 평안해졌다. 광야의 시간은 주님과 더 가까워지는 시간인 거 같다. 광야에서 마음을 조금이나마 가볍게 한 상태로 근처 숙소로 갔다. 다음 날 일정 중 사해가 있었기에 물에 바로 들어가면 몸이 놀랄 수 있으니 숙소에서 함께 물놀이를 하며 신나게 하루를 마무리했다.

7일 차, 이스라엘 일정 중 제일 기대했던 곳이자 가장 걱정되었던 사해 수영이 있는 날이 되었다. 사해의 염분량이 다른 바다보다 6배나 많아 물에 잘 뜬다고 하는데 정말 뜰까 라는 기대감과 걱정을 동시에 안고 출발했다. 버스에서 처음 본 사해의 모습은 파란 바다의 모습과 하늘의 모습과 잘 어우러진 곳으로 아름다웠고 경이로웠다. '죽은 바다'라는 이름과는 다소 거리감이 있어 보이는 모습이었다.

드디어 도착한 사해, 수영을 하기 위해 준비를 하고 물에 들어가게 되었다. 처음에는 아주아주 조금 겁이 나서 망설였지만 막상 바다에 몸을 맡기니 둥둥 떠다니는 것이 정말로 신기했다. 사해 바다 아래에는 소금 결정체들이 정말 많았는데 자연

에서 만들어진 것이 안 믿길 정도로 이뻤다. 집에서 미역국 끓여 먹을 때 넣기 위해 몇 개 챙기려고 했지만 까먹고 못 챙겼다. 그런데 후에 들어보니 소금 결정을 챙기는 것은 절도 행위라고 하셔서 까먹게 하심에 감사함을 느꼈다.

사해에서 소중한 추억을 만들고 엔게디 사막, 다윗의 폭포를 방문했다. 엔게디 사막은 다윗이 사울을 피해 도망간 곳이자 시편 23편을 지은 곳이었다. 시편 23편 4절에 "해를 두려워 하지 않을 것은"이라는 말이 나오는데 이 해가 손상을 입는 그런 해가 아니라 자연의 해일 수도 있었을 거 같다는 생각이 들 정도로 뜨거운 날씨였다. 우리는 그런 곳을 걸어 다니며 다윗의 이야기를 들었고 함께 시편 23편을 암송해 보았다. 뜨거운 날씨에 지칠 때쯤 우리는 다윗의 폭포를 만났다. 다윗의 폭포에서 폭포를 맞으니 더위가

다 물러갔다.

쉴 만한 물 가로 인도하시는도다. 그곳은 우리에게 정말 쉴 만한 물가였다. 엔게디의 입구에서 우리는 현장 체험 학습을 온 이스라엘 어린이들을 만났다. 그 전날 군인과 함께 이스라엘 국가를 불렀던 거처럼 이스라엘 어린이들과도 함께 국가를 부르며 이스라엘의 평화와 회복을 기원했다. 국가를 부르던 그 아이들의 행복한 표정과 감동의 표정이 아직도 기억에 남는 듯하다.

7일 차에 마지막으로 방문한 곳은 쿰란이라는 도시였다. 이곳은 기원후 68년까지 에세네 사람들이 공동체 생활을 하던 곳이었는데 이 공동체는 로마에 의해 파괴되기 전까지 많은 성경들을 필사했다. 이들이 필사한 성경은 쿰란의 동굴에 있다가 1947년 발견되었다. 이 필사본은 2000년이 된 것으로 이전 가장 오래된 필사본 1000년과 2배의 차이가 날 정도로 오래된 필사본이었다. 더 놀라운 것은 이 필사본의 내용이었다. 이 내용은 지금 구약 성경과 비교했을 때 달라진 내용이 거의 없다는 사실이었다.

이 이야기를 들으며 지금의 성경과 2000년 전 성경의 내용은 변하지 않았다는 사실을 알게 되었고 다른 이야기는 변해도 하나님의 진리의 말씀인 성경은 변치 않는다는 사실이 정말 감사하고 놀라웠다.

쿰란을 마지막으로 우리는 광야 지역을 떠나 다시 예루살렘에 입성했다. 예배로 하루를 마무리하며 다음날을 준비했다. 이스라엘에서 성경의 흔적을 찾는 마지막 날이 되었다. 이날은 버스로 이동하지 않고 오직 다리만을 이용해 일정을 소화하는 날이었다. 그렇게 우리는 예루살렘 성에 도착했다. 예루살렘 성벽을 걸으며 우리는 예루살렘의 역사는 물론 이스라엘의 이야기에 대해 들었다. 로마의 침공으로 멸망한 이스라엘, 그들은 나라를 잃은 2000년 동안 그 민족성을 잃지 않고 유지해 왔다. 그렇게 그들은 나라를 다시 찾았지만 또 분쟁을 이어가고 있다. 또 그들은 예수님의 존재를 부정한다. 하나님께서 선택하신 땅과 민족의 회복에 대해 더욱 더 생각해 보게 되었다.

예루살렘 성벽을 걸은 후 다윗의 성으로 갔다. 다윗의 성에서 우리가 간 곳은 히스기야 터널이었다. 히스기야 터널은 정말 어두웠다. 우리는 그곳을 지나며 찬양했다. 처음에는 답답했고 시간이 안 가는 듯 했지만 찬양을 부르며 가니 금방 터널을 지나서 감사했다. 그 터널을 직접 판 것이라고 했는데 놀라울 정도로 완벽한 터널이었다.

히스기야 터널을 지나 우리는 실로암에 다다랐다. 실로암 찬양을 부르고 있었는데 갑자기 에티오피아 유대 소녀가 왔다. 우리는 그를 축복해 줬다. 그러면서 그에게 복음을 전했다. 이렇게 우리는 이 소녀뿐만 아니라 많은 분들에게 축복송을 불러주며 예수님을 전했다. 예수님의 고향에서 예수님을 전한다는 것이 마음이 아프긴 했지만 그럼에도 복음을 이렇게라도 전할 수 있어서 좋았다.

실로암을 지나 또 다른 실로암을 마주쳤다!?!? 원래 실로암인 줄 알았던 곳 옆에 더 큰 실로암이 발견되어 공사 중이었다. 이렇듯 이스라엘에는 매년 새로운 유적들이 발견되는 중이었다. 그렇기에 몇 년에 한 번씩 이스라엘을 방문해야 하는 게 아닌가 싶었다. 정말 그런 거 같다. 그래서 나는 다음에 이스라엘을 또 방문할 것이라는 다짐을 하며 실로암을 떠났다.

다윗의 성에서 더위와 함께 도시락을 먹은 후 예루살렘을 또 돌았다. 돌고 돌며 도착한 곳은 통곡의 벽이었다. 남자, 여자 기도하는 곳이 따로 위치해 있었다. 그래서 각자 성별에 따라 지정된 곳에 가서 기도를 했다. 통곡의 벽에 가서 기도한 후 나는 주변의 기도하는 모습을 지켜보았다. 그들은 정말 간절히 기도했다. 또 말씀을 정말 열심히 묵상하고 있었다. 그들의 철저함을 볼 수 있는 시간이었다. 또 마음 한 편에는 예수님의 사랑을 알지 못하는 것에 대한 슬픔도 살짝 드는 시간이었다.

통곡의 벽에서 조금 걸어 황금돔에 도착했다. 통곡의 벽은 유대인 지역이었지만 황금돔은 아랍인 지역이었다. 그래서 많은 제약이 있었다. 악기도 안 되고 성경도 안 되고 짧은 옷도 안 되었다. 심지어 손을 높이 들어 브이 자세를 취하는 것도 안 되었다. 우리가 손을 높이 들고 브이를 하자 그분들은 우리를 쫓아내셨고 우리는 쫓겨 났다. 나가자마자 보이는 유대인 군인들 그들은 우리에게 인사했다. "이스라엘에 온 것을 환영합니다." 예루살렘 보면 볼수록 신기한 도시인 거 같았다.

신기한 경험을 하고 도착한 베데스다 연못, 우리는 베데스다 연못에서 38년 된 병자의 이야기를 들었다. 또 연못이 움직이는 이유에 대해서도 알게 되었다. 나는 연못이 움직인다 라는 성경을 읽을 때마다 "바람 때문일 거야", "사람들이 무언가를 떨어뜨려서 그런 거겠지"라고 생각했다. 하지만 베데스다 연못이 움직이는 것도 과학적인 이유가 있다는 것이었다. 들으며 성경을 알면 알수록 더 흥미진진하다는 생각이 들었다.

베데스다 연못 옆에는 세인트 안나 교회가 자리 잡고 있었

다. 이 교회는 십자군 때 세워진 교회 중 유일하게 남아있는 곳이었다. 공명이 잘 되도록 지어진 그곳에서 십자가의 전달자라는 찬양을 불렀다. 십자가의 전달자를 부르고 우린 비아 돌로로사, 예수님께서 십자가를 지고 가신 그 길을 함께 걸었다.

곳곳마다 어떤 일들이 있었는지를 알려주는 팻말이 있었다. 그 길은 잘 보존되어 있지 않고 아랍인들의 시장이 되어 있었다. 그렇게 슬픔의 길을 걸었다. 그때 너무 더워 집중하지 못했던 것이 마음에 남는다. 예수님을 생각하며 걸으면 더 좋았을 터인데 아쉬운 시간이었다. 지금 생각해 보니 우리는 그냥 걷는 것도 힘들었을 텐데 예수님께서는 무거운 십자가를 지고 가심이 더 힘드셨을 거라는 생각이 든다. 그렇게 성묘 교회에 도착했다. 이곳은 예수님께서 십자가에 못 박히신 골고다 언덕에 있었다. 예수님께서 십자가에 못 박히고 갈라진 돌을 보며 나의 죄를 대신해 죽으신 주님을 생각하며 기도했다. 그리고 무덤과 부활하신 곳에서도 기도했다. 예수님 내 죄를 위해 죽으심에 감사합니다. 내가 주님을 더 사랑하기 원해요.

날 위해 죽으시고 다시 사신 주님의 흔적을 찾는 것을 마지막으로 이스라엘에서의 모든 일정이 마무리되었다. 숙소로 돌아가 지금까지 함께 했던 마라나타 선교 특전단과 축제의 시간, 교제의 시간을 보낸 후 미국으로 떠났다.

    10일 동안 이스라엘에서 보낸 시간은 내 인생 최고의 시간들이었다. 처음에는 관광을 목적으로 갔지만 그곳에서 성경의 흔적들을 찾아보며 예수님의 사랑을 다시 한번 깨달았고, 마라나타 주님을 더 깊게 알게 되었고, 나의 비전에 대해 생각해 보는 시간이었다. 그러며 이스라엘에 대한 더 큰마음을 가지게 해주셨다. 이전까지 이스라엘이 중요한지 제대로 알지 못했다. 설명을 많이 들었지만 내 마음에 와닿지는 않았다. 하지만 이번 이스라엘 방문을 통해 이스라엘이 얼마나 중요한 땅인지 알게 되었다. 그렇기에 이스라엘 회복을 위해 기도해야 한다는 사실을 알게 해주셨다.

    근데 이 일정들을 IDS끼리만 한 것이 아니라 다양한 분들과 하나 되어 마라나타 선교 특전단이라는 이름으로 함께 했다. 우리는 세대를 넘어 하나로 연합해 마지막 때를 준비하며 나아갔다. 많은 분들이 우리를 챙겨주셨고 도움을 주셨다. 또 그분들의 간증과 이야기를 들으며 우린 더 성장할 수 있었다. 함께여서 더 풍성했다.

    풍성했던 시간을 마음 속에 새기며 미국 땅에 도착했다.

이번 미국 연수, 지난번과 같은 장소에서 진행됐지만 다른 것들을 배웠다. 지난번 미국 연수는 본격적인 학교 생활이 시작되기 전 나를 되돌아보며 이전의 삶은 내려놓고 하나님의 군대가 되기 위해 감사와 말씀, 선교가 어떤 것인지 배우며 준비하는 과정이었다면, 이번 미국 연수는 쓰임 받기 위한 본격적인 훈련이자 실습 시간이었다.

　우리는 미국에서 가장 많은 시간을 영어에 할애했다. IDS에 오기 전에 나는 영어 공부의 목적을 잃었다. "한국인은 한국어만 잘하면 되지 왜 굳이 다른 나라의 언어를 왜 배워야 하나" 이러며 말이다. 또 나는 주입식적인 한국의 영어 교육에 지쳐 있었다. 그렇기에 난 영어를 포기한 영포자 고등학생이었다. 하지만 이곳 IDS에서 다양한 사람들을 만나고 영어를 자주 접하며 세계 열방에 나아가기 위해서는 영어가 필수적이라는 것을 깨달았다.

　또 IDS에서의 영어 교육 방식은 토론을 하고 원어민과 대화를 하며 직접 글을 쓰는 수업이었다. 일반고에서 영어 공부는 내 마음속에 전혀 안 들어왔었지만 이 수업들은 내 마음속 깊이 찾아오는 수업이었다. 그렇다고 해서 수업 시간이 다 쉽고 재밌었던 건 아니었다. 처음 해보는 수업들이었기 때문에 어려웠던 적도 너무나 많았다. 그럼에도 성장을 했다. 겉으로 보기에는 엄청 작은 성장이었지만 내 안에서는 큰 성장의 시간이었다.

미국에 있는 동안 우리 IDS 안에는 셀 수 없이 많은 일들이 있었다. 두 달 동안 다른 사람과 함께 지내는 것은 쉬운 일이 아니었다. 나도 힘들었지만 어린 친구들은 더욱더 힘들었을 것이다. 그래서 그런지 그것이 표면적으로 이견이 드러나기 시작했다. 그때마다 우리는 기도함으로 다시 일어났고 서로 하나 되었다. 각자에게 상처 준 것들이 있었다면 사랑하지 못했던 마음들이 있었다면 회개하고, 수고해 주시는 선생님들을 위해 간절히 기도하는 시간, 하나님 안에서 모인 IDS 한 지체 지체를 위해 기도해 주는 시간을 가졌다.

이 시간들을 통해 우리는 더 끈끈해졌다. 이 시간들은 공동체에 변화를 줄 뿐 아니라 나의 안에도 변화를 일으켰다. 나의 안에 사랑의 마음이 생긴 것이다. 세계 열방을 품고 사랑으로 섬기려 하지만 정작 내 주변을 사랑으로 품고 섬기지 못했던 것을 깨달았다. 나는 나의 이웃과 공동체를 사랑하며 세계 열방에 하나님의 사랑을 나눠주는 자가 되길 소망했다.

나는 고학년이다. 그렇기에 먼저 모범이 되어야 하고 나보다 9살이나 어린 친구들과도 함께 지내야 한다. 하지만 나는 막내였고 동생들보다는 친구, 언니들과 자주 어울렸기에 쉽지는 않았다. 그랬지만 이번 미국 연수 때 어린 친구들과 방을 오랫동안 쓰며 어린 친구들과 잘 지내는 법에 대해 알 수 있었다. 때로는 이해가 안 되고 답답한 순간들이 있기도 했지만 고학년으로서 성장하는 시간이 되었다.

나는 이번 미국 일정들을 통해 내 안에 한계를 만들어 버린 나를 보았다. 세상에 하나님의 사랑을 나눠준다는 자세한 비전은 아니었지만 그래도 나에게는 큰 비전이 있었다. 하지만 하나님 안에서는 아니었다. 내 안에 한계를 뛰어넘으시고 연약함을 사용하시는 주님을 바라보며 더 큰 꿈을 꾸길 결단했다. 또 모든 일을 할 때 소심하게 하기보다는 담대히 나아가고 싶다는 생각을 했다. 많은 성경 인물들은 하나님을 의지하며 담대히 나아갈 때 역사를 만들어 나갔던 거처럼 하나님의 말씀을 듣고 그 말씀을 의지하며 담대히 나아가는 내가 되길 결단했다.

두 달간의 해외 연수 기간이 끝이 났다. 나는 아직도 두 달의 시간을 마산도 아니고 심지어 한국도 아닌 인도, 이스라엘,

미국에서 보냈다는 것이 실감이 나지 않는다. 하나님이 함께 하지 않으셨다면 두 달의 시간을 보낼 수 없었을 것이라는 생각이 든다. 서로를 위해 기도하는 우리였기에 하나님의 계획을 신뢰하는 우리였기에, 한국에서 우리를 위해 기도하는 부모님들과 두 달 동안 우리를 섬겨 주신 도움의 손길들이 있었기에 이 두 달의 시간이 움직일 수 있었던 거 같다.

해밀리의 삶으로 또 돌아간다. 그곳에서 우리가 때로 무너질 때면 이 두 달 동안의 시간이 우리 마음에서 살아나 다시 일어나게 할 소중한 경험들이 될 것을 기대하며 크고 새로운 이야기들이 써질 날들을 또 기대하고 두 달간의 소중한 기억을 담은 이 글을 마무리 해본다.

숨겨진 **윤여준**

주님이 내 손을 잡고 천국을 보여 주셨다

안녕하세요. 저는 윤여준입니다. 꿈이름은 숨겨진입니다. 짤막한 기행문을 시작합니다.

우리 IDS는 인천공항에서 미국 팀이랑 인도, 이스라엘 팀으로 나뉘어졌다.

우리는 미국 팀과 작별인사를 하려고 미리 가서 단체 사진을 찍고 나왔다. 그리고 우리는 공항 안에 있는 식당에서 만두라면을 먹었다.

식사 후 캐리어랑 짐을 옮기고 비행기를 탔다. 그런데 문제가 생겼다. 한국 비행기가 3시간 동안 출발을 못해서 힘들었다. 그래서 출발을 위한 기도를 했는데 그렇게 출발!!! 우리는 7시간 비행기를 탔고 드디어 인도 델리에 도착했다.

도착하자마자 뜨거운 열기가 느껴졌다. 나는 속으로 "아, 쉽지 않네"라고 생각했다. 그렇게 숙소 체크인을 하고, 식사를 하고 오리엔테이션까지 다했다.

12일(수)

버스로 타지마할에 도착하자 어린아이들과 할머니, 어른 분들이 구걸하는 모양이 마음을 불편하게 했다. 우리는 아그라 성에서 구경하고 이때부터 갑자기 꿈쟁이들이 더위를 먹어 아팠다.

13일(목)

우리는 박사님이 주무셨던 최고급 델리 호텔 제일 좋은 식당에서 아침밥을 먹었다. 난 아침부터 몸이 안 좋은 상태였다. 어쩔 수 없이 꿈쟁이들이 먹는 거밖에 못 봤다. 난 결국 쓰러질 위기였지만 연화 선생님이 기도해 줘서 조금이라도 틈이 생겼다. 난 차가 올때까지 기다렸다.

난 어쩔 수 없이 짐 덩어리라고 생각했다. 일단 나는 호텔에서 쉰다고 했다. 주님의 인도하심을 기다리기로 했다.

나를 챙겨주시는 윤진 님이랑 또 다른 분이 생각난다. 난 호텔에서 이뮨 11개라는 기네스북에 오를 정도로 많은 양의 이뮨을 먹었다. 나는 아파서 못 갔지만 꿈쟁이들은 간디 박물관에 갔다. 어느 정도 회복되고 나는 인도에서 제일 좋은 기차를 탔는데, 기차를 타면서 점점 체력이 좋아지고 있었다. 하지만 다른 꿈쟁들은 기차에서 힘들어 하고 있었다. 나는 아기 울음소리 땜에 2시간밖에 못 잤다. 내가 딱 영상 찍으려고 할 때 아기의 울음 소리는 사라졌다.

14일(금)

뭄바이에 도착을 했다.

나랑 꿈쟁이들은 탈레가온 학교에서 뛰놀기도 하고 찬송가도 불러 줬다. 많은 아이들한테 선물을 받았다. 그러면서 관계와 연관성에 대해 생각했다. 그리고 우리는 인도 특강을 들었다. 나는 피곤해서 바로 잠들었다.

15일(금)

우리는 인도 사역지를 방문을 했다. 나는 청각 장애인들이 있는 곳에 가서 예배와 찬양을 했다. 주님의 말씀을 못 들으면 나도 청각 장애인이라는 사실을 떠올렸다. 찬양을 다하고 우리는 다시 숙소로 돌아왔다. 하루가 금세 갔다.

16일(토)

우리는 마지막으로 다라비 교회에 가서 낮 집회 예배를 드렸다. 교회 인구는 진짜 많았다. 우리는 점심을 먹고 저녁 예배를 드렸다. 내일 이스라엘 가게 되어서 너무 설레었다.

17일(일)

우리는 뭄바이랑 헤어지고 데일리에서 이스라엘로 갔다.

이스라엘

이스라엘이다.

이스라엘에 오면서 보니까 꿈쟁이들의 체력은 좋아지고 있었다.

나랑 꿈쟁이들은 벤구리온 공항에 도착했다. 도착하고 선교사님이 공항 안에서 우리를 환영해 줬다. 우리는 인도 버스보

다 100배 좋은 버스를 타고 호텔에 가서 체크인을 했다. 오면서 느낀 거는 인도의 날씨에 비해 너무 시원하다는 사실이다. 다음날 우리는 일어나서 밖에 풍경을 보고 여기는 진짜 예술이라고 생각했다. 아침에 밥을 먹고 있었는데 북한 분들도 있었다. 우리는 버스를 타고 가이샤라/갈멜산에 가 바울이 감옥에 갇혀 있는 곳에 가서 기도하고 점심을 먹으러 갔다. 이스라엘 밥은 인도보다 너무 맛있었다. 밥을 다 먹고 사장님이 그렸던 그림을 봤다. 중간에 보면서 갑자기 내가 좋아하는 인물이 나왔다. 바로 리오넬 메시였다. 나는 사장님이 그린 리오넬 메시랑 사진을 많이 찍고 바로 친구들한테 알렸다. 친구들은 좋아하는 인물이 호날두라고 해서 별로였다. 그리고 사해 바다에서 수영도 하고 바다 안에 있으면서 상처들이 치료됐다. 다음 날 다윗의 폭포를 갔다. 그리고 예수님이 세례 받은 곳에서 세례를 받았다. 죽은 듯한 영혼이 회복되는 것 같았다. 그리고 우리는 미국으로 향했다.

  인도, 이스라엘에서 아픔과 힘듦이 많았지만 미국에서 그 모든 힘든 것이 치료돼서 감사하다.
  나는 인도의 엄청 뜨거움의 경험과 청각 장애인과의 만남. 이스라엘에서 성지순례와 전쟁 가운데 지켜주신 하나님의 은혜로 일정을 끝내고 미국 콜로라도 쪽으로 갔다.
  가장 기억에 남는 첫 인상은 미국의 환경이 너무좋다는 것이었다.
  며칠의 휴식 시간을 지내고 성경 영어 암송을 했다.
  미국의 월마트라는 한국에 있는 e마트 비슷한 곳에서 내가 좋아하는 간식이랑 옷을 샀는데 한국에서 살 수 없는, 나에게 특별해 보이는 것을 살 수 있어 좋았다. 그리고 박사님께서 파이크스 피크라는 콜로라도에서 제일 높은 산에 데리고 갔다. 구름 사이로 햇빛이 들어와 너무 아름다웠다. 고지대라 산소

부족으로 힘들어 하는 친구들도 있었는데 나는 폐활량이 좋은 건지 힘들지 않았다.

박사님께서 래프팅까지 경험할 수 있도록 해주셨는데 신났다. 6단계까지 있었지만 3단계까지만 해도 엄청난 경험이었다. 그리고 며칠이 또 지나고 꿈청만 동부 여행을 갔다. 동부에 가서 하버드대학 케롤 교수님을 만나고 하버드대학교 안에 들어가서 사진도 찍었다. 그리고 저녁이 되고 MIT 형들이 축구하는 걸 보고 나도 하고 싶은 생각이 들었다.

갑자기 예찬 님이 MIT형들과 대화하면서 같이 하면 안 되냐고 물어봤고 MIT 형들이 함께 하자고 받아주었다. 그래서 나도 어찌어찌 하게 되었다. 우리팀이 이겼다. 거기서 만난 일본 형이 손흥민 선수를 좋아한다고 했다. 그래서 내가 리얼 아임 메쉬 팬 이라고 대답했다. 미국에서 엠아티 공대 형들과 축구를 하다니 엄청 오래 기억에 남을 일이었다. 즐거운 날이었다. 케롤 교수님 집에서 밥을 먹었다. 동부 일정을 통해 많은 걸 보고 듣고 경험할 수 있는 기회를 주셔서 감사했다. 그렇게 동부 일정은 끝났고 예수서원 가는 사람 빼고 남은 사람들은 다시 콜로라도로 왔다. 도착하자마자 행복하게 반겨주는 동생들이 너무 좋았다.

며칠이 지나고 덴버 할렐루야 교회와 IDS랑 연합해서 연극도 하고 춤도 추고 밥도 같이 먹었다. 그때 나는 마지막 날 하나님을 뜨겁게 만났다. 기도할 때 환상으로 주님이 내 손을 잡고 천국을 보여주셨다. 아름다웠다. 예수님이 십자가에 못 박힌 것을 보게 되었고 나는 회개하면서 더 기도를 하게 되었다. 가슴이 너무 아팠다. 눈물 콧물 다 흘러내렸다. 그 환상 속에서 내 뒤에 우리 가족도 함께 따라오는 모습을 볼 수 있었다.

주님이 그리스도의 삶을 살라고 내게 감동을 주신 것이다. 내 마음에 불안이 사라졌고 그동안 마음 아팠던 것들도 치료가 되었다.

덴버 할렐루야 교회 일정이 끝나고 예수서원 갔다 온 친구들도 다시 왔다. 함께 미국 일정을 다하고 우리는 한국에 왔다.

60일간의 일정을 지켜 주신 하나님께 감사합니다.

박사님께서 우리에게 이런 멋진 경험을 하도록 이끌어 주셔서 감사합니다. 그리고 선생님들 저희를 위해 힘써 주시고 챙겨 주셔서 너무 감사합니다.

하나님의 은혜 **류예라**

그래도 나아가는 우리들을 위하여

그래도 나아가는 우리들을 위하여
저 높은 곳을 바라본다
너무나 높아 사다리를 만들었다
사다리를 타다가 부러져 다시 땅으로 떨어졌다
그래도 나아가는 우리들을 위하여

인도

　인도하면 무슨 생각이 가장 먼저 떠오를까? 나는 처음에 가난, 쓰레기, 더러운 위생 등등 부정적인 생각들이 머리를 가득 매웠었다. 이 때문에 나는 내 인생에서 인도를 가는 일은 절대 없을 거라고 단정했다. 그리고 이 결심을 절대 고수하려고 했다. 그래서 나는 이 여정에 발을 들이지 않으려고 온갖 힘을 썼다. 그렇지만 이것이 마치 하나님의 계획인 듯 나는 흐르는 강물에 내 몸을 맡길 수밖에 없었다. 그렇게 도착해서 내 눈으로 직접 본 인도는 생각보다 더욱 가난했고, 쓰레기가 많았으며 위생 수준은 최악이었다. 21세기에 존재하고 있는 나라가 맞는지 의심스러웠다. 그래도 하나님께서는 인도를 사용하고 계셨고, 마치 나에게 그 사실을 알려 주시려고 나를 인도로 부르신 것 같았다.

6월 11일

인도 공항에 도착했다. 전날 사랑의병원 30주년 행사가 있었기 때문에 몸이 많이 고단했다. 거기다 오기 싫었던 일정이었기에 걱정을 많이 했고 스트레스를 많이 받았다. 공항에서 나오자마자 히터를 킨 듯한 느낌을 받았는데, 답답하고 숨이 턱 막히는 무더움이었다. 그러고 버스에 올라타 인도 거리를 누비며 인도의 실체를 보게 되었다. 에어컨이 전혀 나오지 않고 콩나물처럼 끼여 탄 버스였기에 큰 충격을 받았다. 하지만 신기하게도 내 마음에 기대와 설렘이 찾아들기 시작했다. 더위를 많이 타는 나는 짜증이 날까 걱정했지만 오히려 그 더움이 내 마음에 불을 지폈다. 인도의 거리는 같은 21세기를 사는 나라라고는 믿기지 않았다. 그렇지만 그 풍경이 왠지 내 마음에 들었다. 숙소에 도착하고 부족함 없이 앞으로의 일정을 기대하는 마음으로 잠에 들었다. 또한 언니와 같이 숙소를 쓰게 되어 더욱 평안하게 잠에 들 수 있었던 것 같다.

6. 12

아침에 눈을 뜨자마자 만반의 준비를 했다. 일기 예보 상에 최고 온도가 48도, 체감 온도는 50도라고 들었기 때문이다. 준비물들을 확인하고 일정을 시작했다. 가장 먼저 타지마할을 갔다. 무지막지하게 뜨거웠다. 그런데 신기하게도 내 마음엔 짜증이라곤 눈을 씻고 찾아봐도 없었다. 그냥 너무너무 행복했고 마음에 기쁨이 넘쳤다. 처음 본 타지마할은 아름다웠다. 샤 자한 왕은 타지마할이 완성된 직 후 이보다 아름다운 건축물을 지을 것을 염려해 공사에 참여했던 모든 사람들의 손목을 잘랐다고 한다. 생각보다 사람이 많았다.

그런데 그때 하라랑 나윤이가 아프기 시작했다. 하라는 얼굴이 빨개지기 시작했고 정신을 못 차렸다. 이 때문에 하라는 선생님과 타지마할에 들어가지 않고 쉬기로 했다. 나윤이는 갈 수 있다 했고, 그 길을 내가 부축했다. 너무나 힘들어하는 모습에 정말 온 힘을 다해 나윤이를 돌봤다. 손수건에 물을 묻혀 나윤이 몸의 체온이 떨어지도록 힘썼다. 쉽지 않았지만 끝까지 걷고 동행하려는 나윤이 모습이 기특하고 멋있었다. 그때 나는 하나도 힘들지 않았다. 한국에서 찜질방을 좋아하던 나는 거대하고 아름다운 찜질방에 온 것 같았다. 그래서 기쁨이 가득한 상태로 타지마할을 관광했다. 그리고 아그라 성으로 이동했는데 이때는 나도 조금 힘들었지만 몸을 끌고 아그라 성을 돌아 봤다. 많은 사람들이 나와 언니에게 같이 사진을 찍어달라고 해서 많이 찍어 줬다. 연예인의 삶을 잠깐 산 것 같아 재밌었다.

그리고 이동해서 차를 기다리던 중 집이 없는 아이들을 만났다. 우리에게 돈을 달라고 구걸하였고 우리는 돈이 없다 답했다. 손에 있던 물병을 보고 물을 달라고 구걸해 우리는 물을 그들에게 줘어 주었다. 그들이 그 사소한 것 하나로 좋아하는 모습을 보고 마음이 아팠다. 어찌 이러한 아이들이 존재할 수 있을까? 나는 그들의 눈을 마주칠 수가 없었다. 눈이 마주치면 죄책감이 들 것 같았다. 그래서 최대한 그들에게 마음이 쓰이지 않도록 노력했다. 우리는 숙소에 도착하자마자 맛있는 저녁과 감사 나눔을 가졌다. 헌데 왜인지 몸이 너무 아프고 힘들어 빨리 숙소에 들어가서 쉬고 싶었다. 일정이 고되었다고 생각하고 숙소에 들어가자마자 나는 쓰러지듯 몸을 씻고 잠에 들었다.

6. 13

아침 일찍 일어나 준비를 시작했다. 그런데 몸을 움직이면 머리가 너무 아프고 어지러웠다. 언니에게 상황을 설명하면서

도 대수롭지 않게 넘어갔다. 그런데 갑자기 박사님 계신 호텔로 이동하게 되었다. 그때부터 한시라도 일어서 있으면 어지럽고 정신이 아뜩아뜩해졌다. 호텔에 가 거대하고 사치스러운 조식에 잠시 어지러움을 잊고 음식을 맛있게 먹었다. 근데 시간이 갈수록 어지럼증이 심해져 세라 언니에게 기대어 있었다. 내 모습을 본 언니는 나를 데리고 잠깐 걷게 해주었다. 혼자 잘 걷지도 못하는 상태에서 언니의 부축으로 잠시 동안 걸음을 떼

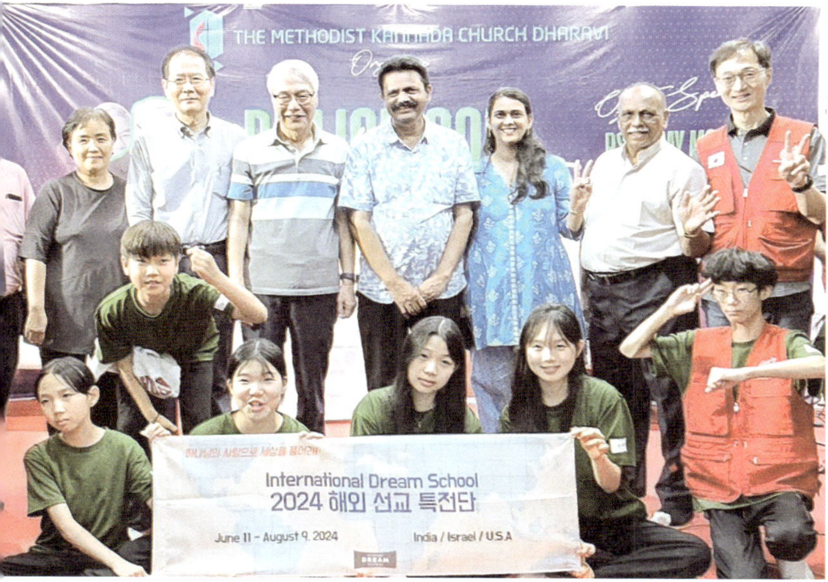
THE METHODIST
CHURCH DHARAVI
International Dream School
2024 해외 선교 특전단
June 11 - August 9, 2024
India / Israel / U.S.A

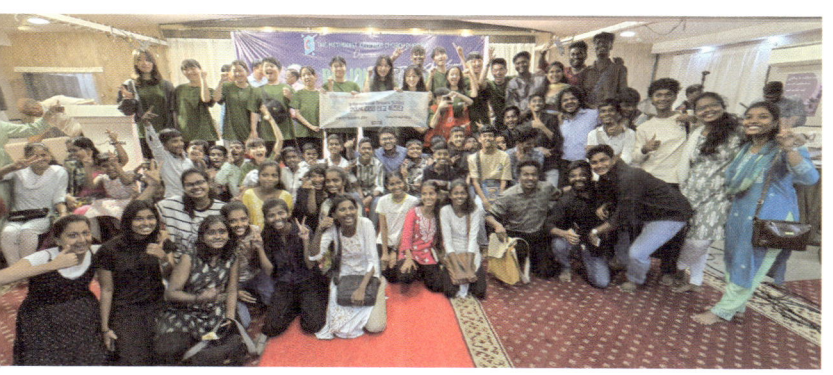

면서 수영하는 사람들을 보고 평화를 느꼈다. 그런데 그 순간 어제 본 아이들이 떠올랐다. 언니가 우리가 남긴 음식을 만약 그들에게 주었다면 좋아할 거라고, 우리는 이것을 쉽게 남기지만 그들은 이게 없어서 죽는다고 했다. 이 말을 듣고 나는 그런 것을 생각하면 끝이 없다고 기도나 하자고 했다. 하지만 이를 통해 나는 인도가 얼마나 빈부 격차가 심한지 알게 되었다.

그렇게 짧은 산책이 끝나고 우리는 인도 교회 지도자들을 만나러 호텔 회의실로 이동했다. 그때부터 다리에 힘이 점점 풀리고 주저앉을 수밖에 없었다. 정신을 차렸을 때 하늘소망님께서 나를 보며 코피를 흘리고 있었다. 꾸물거릴 틈도 없이 갑자기 버스 안까지 걸어갔고 일어나니 많은 사람들이 나를 쳐다보았다. 정신없이 모든 게 흘러갔고 무슨 일이 정확하게 일어나고 있는지 인지하지 못한 채 숙소로 돌아오게 되었다. 나중에 들어보니 나는 두 번 정도 정신을 잃고 쓰러졌고, 그래도 무사히 버스까지 왔다는 것이었다. 나는 숙소에서 3시간 정도 안식을 취하고 뭄바이 행 기차를 타는 기차역으로 이동했다.

처음 보는 인도의 기차역은 충격의 도가니였다. 사람들이 너무나 많았고, 노숙하는 사람도 정말 많았다. 다행히도 이뮨 덕분인지 잠을 잔 덕분인지는 모르겠지만 혼자 걸을 수 있었고 몸이 많이 회복되었다. 악취가 나고 사람이 붐비는 기차역은 내게 새롭고 신기한 경험으로 다가왔다. 설명할 수 없는 어떤 교감이 일었다. 그리고 정말 많은 짐을 정신없게 차에 싣고 무사히 기차 여정은 시작되었다.

우리가 탄 침대 기차는 인도에서는 최고급이라고 했지만 우리에겐 많이 열악한 시설이었다. 정말 좁은 칸에서 16시간을 있어야 해서 조금 막막했지만 그래도 색다른 경험을 할 수 있어서 좋았다. 오늘 있었던 일들을 시온 언니와 대화하며 시간을 보내고 있던 중 점점 어지럼증이 심해져 대화를 멈추고 억지로 내 몸을 수면 상태로 만들었다. 그렇게 잠을 청하다가 모든 사람들이 자고 있는 시간에 눈이 떠졌다. 상상할 수조차 없는 고통이 나를 맞이했다. 몸을 끙끙 앓으면서 언니를 깨웠고, 언니는 내 손을 잡아 기도를 해주었다. 나는 이 순간을 내 인생에서 가장 아픈 순간이라고 기억한다. 나를 지극정성으로 보살필 수 있는 언니가 있어서 참 감사한 순간이었다.

6. 14

결국 고통의 시간을 보내고 아침은 왔다. 우린 무사히 뭄바이에 도착했고, 짧은 소나기가 우리를 맞이했다. 다행히도 뭄바이는 델리보다 훨씬 덜 뜨거웠고, 나에게 바닷속에서 발견한 조개 속 진주 같았다. 우리는 그렇게 우리의 숙소인 YMCA로 이동했다. 나는 편하게 안식을 취하고 싶었지만, 일정을 반드시 소화해야 한다는 선생님의 간곡한 부탁에 꾹 참고 일정에 참여하게 되었다. 처음 간 교회는 우리에게 큰 환영을 보냈고, 우리가 왔다는 그 사실만으로 너무나도 행복해 했다. 그 모습을 보면서 나는 아무리 아파도 일정을 빠지면 안 되겠다고 다짐했다. 그렇게 다음 장소인 슬럼가 교회로 우리는 발걸음을 옮겼다. 이때부터 지긋지긋한 어지럼증과 몸의 고통이 다시 가해졌다. 그럼에도 불구하고 나는 그 슬럼가에서 거대한 은혜를 받았다. 슬럼가에는 수많은 아이들이 있었고 우리를 신기하게 쳐다보며 관심을 표하였다. 그 모습을 보면서 그들에게 복음을 전하고 싶다는 마음이 커졌고, 일정상 복음을 전하지 못한다는 것이 너무 아쉬웠다. 따라서 나는 반드시 이곳을 다시 와 이들에게 복음을 전해야겠다고 하나님과 약속하게 되었다. 더럽고 좁은 길을 계속 따라 걷다 보니 슬럼가 교회에 도착하게 되었다. 혼자 걷기도 힘든 상태가 되어서 나는 앉아서 찬양을 드렸고 그때 내 눈에 현지 청소년 사역자들이 들어왔다. 그들을 보며 그들이 이 땅의 주역이라고 생각했고 예배가 끝난 후 힘겹

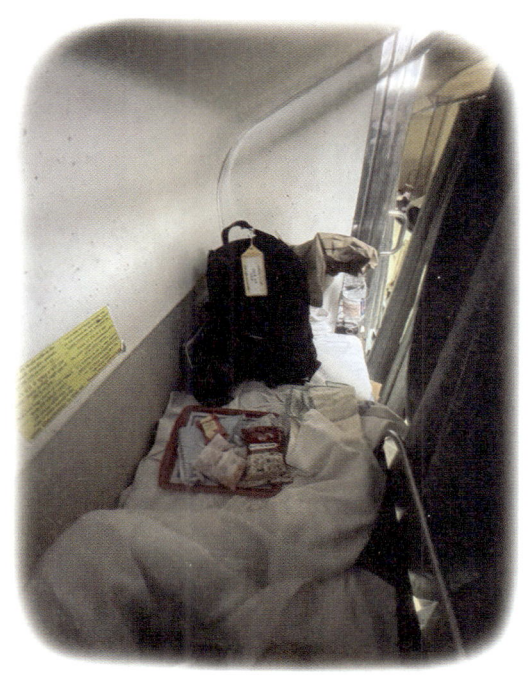

류예라 103

게 이 사실을 전하고 나는 슬럼가 교회를 나오게 되었다. 불운하게도 다시 차량으로 돌아가는 길은 미로같이 좁고 길었으며, 한 번 일행을 놓치면 길을 잃는 복잡한 길이었다. 그런데도 내 몸에 남아 있던 힘은 점점 고갈되기 시작했고 걷는 것을 포기하고 싶게 만들었다. 그런데 그때 내 눈에 밟히는 것이 있었으니 바로 그 슬럼가 골목에 사는 영혼들이었다. 나는 잠깐 이 거리를 지나가도 이렇게 힘든데 이들은 여기에 계속 살고 있으니 내가 다 미칠 지경이었다. 많은 것을 생각하며 계속 걷는 데 한계가 찾아왔다. 그래도 세라 언니가 와서 나를 부축해 주기 시작해 언니에게 내 모든 힘을 의지한 채 찬양을 뱉으며 다시 내 다리를 움직였다. 그렇게 드디어 우리는 큰길로 나오게 되었고 계속해서 버스를 향해 걷게 되었다. 그런데도 내가 축 늘어져 제대로 걷지 못하자 예찬 님까지 내 팔을 어깨에 걸고 부축해 주기 시작했다. 현지인들은 나를 신기하게 쳐다봤고 제정신이 아니었던 나는 그만 걷고 멈춰 이곳에 남아 사역을 하다 죽고 싶다는 생각이 들기 시작했다. 그래서 나는 내 왼쪽에 있던 세라 언니와 오른쪽에 있던 예찬 님에게 나를 두고 가라고 말했다. 하지만 두 명은 나를 절대 놔주지 않았고, 끝까지 나를 붙들고 결국 차에 도착하게 되었다. 마지막에는 거의 둘이서 나를 안고 간다고 할 정도로 모든 힘을 둘에게 의지했는데 포기하지 않고 나를 부축해 줘서 너무나 고마웠다.

그렇게 우여곡절 끝에 버스에 탄 나는 흔들리는 인도 도시 풍경을 보며 깊은 생각에 잠겼다. 몸에는 아무 힘도 남아있지 않아 이제 곧 죽겠다는 생각까지 들었다. 그런데도 내 머리는 묵상하기를 멈추지 않았다. 신기하게도 평안하고 평화롭게 내 머리는 생각했다. 나는 순교라는 것이 얼마나 값진 것인지 그리고 감사한지를 깨닫게 되었다. 항상 순교를 두려워하고 이해를 못하던 나에게 놀라운 역사의 순간이었다. 이 은혜를 꼭 언니에게 전하고 싶어 나는 언니에게 내가 느낀 모든 감정과 생각들을 서술했다. 언니는 내가 정말 그 순간 죽는 줄 알았다고 했다. 나도 내가 죽는 줄 알았는데 죽지 않았다. 지금 생각해 보면 아직 하나님께서는 나를 향한 놀라운 계획들을 가지고 계셔서 나를 데리고 가지 않으신 것 같다. 그렇게 무사히 숙소에 돌아오게 되었고 나는 쓰러지듯 잠에 들었다. 자는 나를 깨우는 소리가 있었는데 바로 하늘소망 님께서 나를 위해 죽을 끓여 가지고 온 것이었다. 아파서 싹 비우진 못했지만 나를 위해 헌신하는 사람들이 많았기에 감사가 풍성한 채 잠에 다시 들게 되었다.

6. 15

시끄럽지만 조용한 아침이 나를 반겨주었다. 잠에서 일어나니 오토바이 소리와 사람 소리가 시끄럽게 창문 밖에서 들려왔지만, 항상 분주하고 복잡했던 내 머릿속은 하염없이 고요했다. 전날 많은 사건들이 있었음에도 불구하고 나는 많이 회복이 된 채로 일정에 참여할 수 있었다. 가장 첫 번째로 향했던 곳은 버려지거나 갈 곳 없는 아이들을 수용해 주고 교육해 주는 학교였다. 학교에 도착하자마자, 선교사님께서 우리 팀에게 이곳은 정부에서 관리하는 곳이니 종교적인 활동으로 보이는 짓은 절대로 하면 안 된다고 당부하셨다. 그런데 아이러니하게도 우리는 아이들을 만나자마자 찬양을 부르며 놀았고, 아이들도 신나게 뛰며 찬양을 따라 하였다. 그때 옆에서 같이 참여하지 못하고 쪼그리고 앉아 있는 한 아이를 발견했다. 나는 그대로 그 아이에게 다가가서 말을 걸었다. 근데 그 아이는 어딘가 아픈 곳이 있다는 듯 빈 허공을 바라보며 내 말에 대답하지 못했다. 학교 선생님께서는 내게 대신 아이의 이름을 알려 주시고 아이가 컨디션이 좋지 않으니 신경 쓰지 않아도 된다는 말을 건넸다. 그럴수록 나는 아이에게 관심이 팔렸고 학교를 나갈 때 다시 그 아이를 찾아가 선물을 주며 사랑한다고, 하나님께서 너를 너무나도 사랑하셔서 아무 근심 걱정 말라는 말을 전해주었다. 근데 아이는 무슨 이유인지는 모르겠지만 눈물을 흘렸고, 결국엔 아무 말도 내게 해 주지 않았다. 그 아이는 내 마음속으로 들어왔고 인도를 품게 되는 결정적 계기가 되었다.

그렇게 우리는 계속 다음 일정을 진행했고, 무더위 속에서 일정이 계속 될수록 나의 어지럼증은 다시 나를 흔들었다. 다행히도 겨우 일정들을 마무리할 수 있었다. 그렇게 일정이 끝나고 우리는 박사님께서 묵으시는 최고급 호텔로 가서 Gate of India를 바라보며 시원한 망고 주스를 맛볼 수 있었다. 저녁을 먹은 후 YMCA로 돌아가는 길에 내 안에서는 영적 전쟁이 시작되었다. 신기하게도 육체적인 문제가 해결되니 영적인 문제가 나를 덮쳤다. 받았던 많은 은혜들을 까먹어 버리고 몸의 문제부터 시작해서 모든 불평과 불만들이 꼬리에 꼬리를 물게 되었다. 그렇게 숙소에 도착하고 나서도 내 이성은 돌아오지 않았고, 나로 인해 많은 이들이 불편을 겪게 되는 상황이 일어나게 되었다. 그런데 다행히도 나는 그 시간을 통해 많은 것을 배우고 내 시간을 정리할 수 있었다. 그렇게 편안해진 그러면서도 진중한 마음과 함께 내일 아침을 기대하는 마음으로 잠자리에 들었다.

6. 16

주일 아침이 밝았고, 우리는 기도회로 아침을 열었다. 나는 거의 회복된 몸으로 주일 예배를 드렸고 인도 BSH 집회를 성공적으로 마무리했다. 또한 인도 목사님 부부를 만나 함께 점심을 먹으면서 교제했고 다음에 있을 만남을 기약했다. 그렇게

성공적으로 숙소로 돌아와 일정을 마무리하며 인도에서 있었던 모든 일들을 돌아보게 되었다.

그렇게 우리 팀은 다음날 비행기를 타고 델리로 넘어가 이스라엘로 향했다.

이스라엘

하나님의 첫사랑인 이스라엘을 오감으로 느껴 봤다. 향기로웠다. 절대 못 잊을 만큼.

이스라엘의 첫인상을 과연 잊을 수 있을까? 거대하게 시야를 채웠던 지중해의 모습, 그 곳에서 서핑을 하던 사람들, 살살 나를 간지럽히던 시원한 바람, 따스하게 나를 쳐다보던 햇빛, 절대 잊지 못할 것이다. 나는 잊어도 내 시야와 피부는 잊지 못할 것이다. 이렇듯 나에겐 이스라엘은 사랑으로 다가왔다. 달콤하고 매혹적인 사랑. 처음 보는 자유와 평안함에 나는 사랑에 빠지게 되었고 사랑이라는 사탕을 내 입에서 빼고 싶지 않았다. 물론 모든 사랑이 그렇듯이 많은 어려움들이 있었다. 너무나 촘촘했던 일정이라든지, 보고 싶지 않았던 이중성이라든

지 쓰디쓴 부분들이 꽤나 많았다. 그런데도 나는 이스라엘을 돌이켜 봤을 때 달콤한 부분만 기억하고 싶다. 솔직히 서술하자면 이스라엘에서 진행했던 수많은 여정들이 내 머릿속에서 많이 지워진 것 같다. 그런데도 내 뇌리에 아직까지도 깊게 남아있는 것이 있다. 바로 주님께서 십자가를 들고 걸으셨던 거리다. 그 거리를 장악하고 있는 이슬람 상인들을 보았는데 그들을 향한 하나님의 애통하심이 느껴졌다. 아무리 이스라엘이 예수님을 배반하고 부인해도 주님께서는 이들을 하염없이 사랑하고 기다린다는 것을 느꼈다. 그들을 향한 지속적인 사랑, 끊임없는 사랑을 나는 알게 되었고, 정말 다시 한번 이들에게 그 아름다운 사랑을 전파해야겠다고 하나님과 언약했다. 가장 고결하고 값진 사랑을 전한다는 것은 얼마나 행복한가. 하나님의 첫사랑을 나는 사랑하게 되었고 그 첫사랑을 회복시키는 것이 나의 사랑이 되었다.

이스라엘 10대 감사제목

1. 인도에서 기도 제목이었던 신체적 건강이 이스라엘에 와서 온전히 응답됨에 감사합니다.

2. 성지 순례를 하며 성경 묵상의 중요성과 직접 생생하게 겪은 경험들 덕분에 이제 성경을 지리적으로 읽고 전에는 보지도 생각하지도 못했던 부분들을 떠올리며 성경을 읽을 수 있음에 감사합니다.

3. 비가 오지 않는 건조 기후와 지중해성 기후로 과일의 당도가 매우 높아 난생 처음 먹어보는 과일의 단맛에 감사합니다.

4. 가자 지구에 잡혀간 인질들을 위해 기도하고 마지막 시대에 주역이 될 이스라엘에 있는 영적 전쟁들을 보며, 다시 한번 마지

막 때인 것을 인지하고 더욱 처절하게 주님께 매달릴 수 있음에 감사합니다.

5. 북한 동료 분들과 같이 동행하며 북한에 대해 더욱 자세히 알고, 북한 지하 교회와 북한 선교에 대한 마음과 함께 마지막 세계 복음화를 완성시킬 군대가 북한이라는 것을 깨닫게 되어서 감사합니다.

6. 이스라엘&뉴코리아 BSH 집회에 참여하며 지금 마지막 시대에 이스라엘과 북한, 세계 각국에서 일어나고 있는 상황들과 마지막 영적 전쟁에서 승리하는 전략들에 대해 알게 되어서 감사합니다.

7. 마라나타 58기에 합류하게 되어서, 좋은 동역자들과 스승들을 만나게 되어서, 성장하고 많은 경험들을 함께 하며 가족 같은 동역자들이 생겨서 감사합니다.

8. 예수님께서 세례를 받으신 요단강에서 침례를 우연찮게 받게 되는 기회가 있어 감사하고, 항상 최고의 것으로 준비해 주신 황박사님과 스텝들에게 감사합니다.

9. 이스라엘에 있는 믿음의 동역자들 보면서 이스라엘 복음화에 주역이 될 주의 자녀들에게 감동을 받고 함께 힘쓰고 싶다는 마음 주셔서 감사합니다

10. 주님께서 사역하셨던 곳과 다시 오실 곳을 직접 걷고 밟으며 찬양하고 주님께 경배 드릴수 있음에 감사하고 마지막 시대 주역 자리에 캐스팅 되어서 감사합니다.

미국 10대 감사 제목

1. 기간 동안 비행기 연착, 엔진 문제 등 항공 문제가 많았

는데 모든 팀원들 안전하고 무사하게 합류하고 일정 소화 할 수 있음에 감사합니다.

2. 캐롤 교수님과, 미아 집사님, 예수서원 49기 멤버들 등 여러 만남을 통해서 많은 것을 배우고 꿈에 대해 배우며 성장하는 시간 가지게 되어서 감사합니다.

3. 동부 여행을 가서 아이비리그 대학 탐방하는 시간 가지

며 넓은 시야와 새로운 경험을 가지게 됨에 감사합니다.

4. 우연찮게 고석희 목사님을 알게 되어 예수서원에서 공부하며 그 누구도 꿈꾸지 못할 경험과 예수 변증 운동에 참여하게 되어서 감사합니다.

5. 여행을 통해서 오랜만에 여유롭고 안식할 수 있는 시간과 육적, 영적 풍부함을 동시에 가지게 되어서 감사합니다.

6. 마음 깊은 곳에서 항상 해결 되지 않던 불평, 불만이 있었는데 여행을 통해서 여러 리더들과 만남들을 가지며 주님의 계획하심이 얼마나 대단한지 깨닫게 되고, 지금 맡은 바에 최선을 다하겠다고 다짐함에 감사합니다.

7. 이동시간 중에 sj 님의 간증, 라이프 스토리와 박사님의 바이블 타임을 통하여서 뜻하지 않았던 곳에서 은혜 받을 수 있었음에 감사합니다.

8. 상상하지 못했던 센터장 님과의 만남, 배사모님과 함께 한 영혼 사역 등등, 여러 방면으로 영혼을 사랑하고 섬기는 방법에 대해서 배우게 되고 깨닫게 됨에 감사합니다.

9. 이수영 목사님네 가정을 만나게 되면서 오랜 교제 시간과 함께 목사님의 간증들을 들을 때 주님께서 직접적으로 말씀해 주신 것 같아서 너무나도 감사합니다.

10. IDS 꿈쟁이들끼리 더욱 돈독해지고 서로 사랑하는 방법에 대해 배우고 점점 성장해 나가는 모습에 감사합니다.

당연히 힘들 것을 예상하고 온 미국이었다. 그런데도 나에겐 고된 기간이었다. 인도와 이스라엘을 거쳐 온 나는 휴식이 필요했다. 그렇지만 모두 아는 사실이겠지만 공동체 안에서는 개인의 휴식은 찾아보기가 힘들다. 그걸 잘 아는 나는 어쩔 수 없는 현실을 부정하고 싶었다. 근데 놀랍게도 불난 집에 부채질을 하듯 ILI에서 진행하는 수업들이 하나같이 내가 흥미를 못 붙이는 과목들이었다. 그냥 순종하는 마음으로 따랐으면 좋았겠지만 난 그러지 않았고, 최대한 뺄 수 있는 수업들은 빼기 시작했다. 그렇게 아무것도 안 하게 되니 성격상 바쁘지 않으면 생각의 굴레에 빠지게 되어 빠져나올 수가 없는 나는 역시나 내 생각에 잠식되어 초반에는 쉽지 않은 생활을 이어나갔다. 이런 생활이 지속되니 컨디션까지 떨어졌다. 육체적으로 영적으로 나는 완전히 무너지게 되었고, 별로 회복되고 싶지도 않았기에 그 상태로 시간이 흐르게 되었다. 그러나 다행히도 그때 꿈청끼리 동부 여행을 떠나게 되었고, 나는 그곳에서 완전히 회복되며 꿈과 비전을 갖게 되었다. 또한 전에 찾아

보기 힘든 순종이라는 마음이 나를 찾아오기 시작하면서 정말 꿈만 같은 시간들이 반복되었다. 그리고 우연찮게 예수서원에 들어가 5일간 공부를 하면서 다른 차원의 신앙을 가지게 되었고, 내게 인생 터닝 포인트가 되었다. 예수서원에서는 예수를 변증하는 방법에 대해 철학적으로 배웠고, 하나님이 내 아버지인 것을 직접적으로 깨닫게 되었다. 나는 이곳에서 배운 모든 것들을 잊지 않기로 다짐했고, 예수를 변증하기 위해서 살아야겠다고 굳게 결심했다. 그렇게 ILI로 돌아와서 다시 수많은 영적 전쟁들이 있었지만 예수서원에서의 내 모습을 생각하며 이겨 내게 되었다. 여러 시련들이 많았지만 항상 헤피 엔딩으로 끝내 주시는 하나님께 모든 영광 돌리고 싶다.

〔Psalm 37:4〕 Delight yourself in the LORD, and he will give you the desires of your heart

일본 소감문

금어초

일본은 마치 금어초 같았다. 금어초는 금붕어를 닮아서 금

어초란다. 일본은 금붕어처럼 지진의 아픔을 금방 잊고 어항 속에서 헤엄치는 것 같았다. 하지만 꽃말인 욕망과 오만처럼 욕망과 오만으로 얼룩져 있었다.

  나는 일본을 단 한번도 선교지라고 생각해 본적이 없었다. 그저 아름답지만 깨지면 위험한 유리 같은 나라라고 생각했다. 그래서 일본 선교를 간다고 했을 때 마음 속으로 짜증이 났다. 그렇지만 반강제로 이 여정에 발을 올리게 되었다. 일본의 첫 인상은 "한국과 비슷하다"였다. 하지만 봉사 활동과 선교 활동을 진행하면서 이 생각이 비틀어지기 시작했다.

우리 팀은 많은 일들을 진행했다. 깨진 돌 옮기기, 쓰레기 줍기, 음식 해서 나눠주기 등등 지진 피해 현장을 다양한 방법으로 섬기게 되었다. 이때 나는 우리나라와 일본의 큰 차이점을 알게 되었다. 일본은 자연을 두려워하고 실질적인 피해를 많이 입었다. 이 때문에 저절로 자연을 우상으로 삼기 시작한 것 같았다. 우리가 직접적으로 복음을 전할 순 없었지만 간접적으로 예수님의 사랑을 섬김을 통해 전하였다. 나는 예수님의 사랑이 그들에게 닿았다고 믿는다.

나에겐 일본에서 겪은 모든 순간 순간들이 너무나도 소중하고 예뻤다. 특히 가장 기억에 남는 것이 있다

바로 어딜가나 보이는 꽃들이었다. 마음이 지치고 힘들었을 때 꽃을 보게 되면 나의 마음에 소중한 꽃이 자라는 기분이었다. 그렇지만 지진 때문에 무너진 집들과 활짝 핀 꽃들이 대비적으로 느껴졌다. 마치 그때에 내 마음도 이러했다. 한편으로는 너무 힘들어 무너져 있지만 또 한편으로는 아름답고 화려한 기분이 있었다.

내가 힘든 이유에는 여러가지 요소가 있었던 것 같다. 선교 팀장이라는 자리에서 오는 부담감이 있었고 우리 팀의 내부 분열이 내게 크게 다가왔다. 또한 나는 이 분열이 나로 인해 시작

되었다고 생각했기 때문에, 집이 한순간에 무너지듯 나의 멘탈도 한순간에 무너지게 되었다. 그렇지만 무너진 집 옆에 항상 꽃이 있었듯, 내 마음엔 항상 꽃 같은 기쁨이 있었다.

그 꽃은 바로 만나는 어린 아이들이었다. 어리고 작은 아이들을 보며 나는 꿀벌이 된 듯 그 꽃들을 사랑했다. 그들이 나를 보며 웃을 때 꿀처럼 달콤했다. 하지만 나는 금방 좌절감에 빠지게 되었다. 그들이 예수님의 사랑을 모른다는 것이 이유였다. 예수님께선 그들을 너무나도 사랑하시는데 그들은 그것을 모르고 고통을 받으니 주님께선 얼마나 애통하실까 생각했다. 더 나아가 이 땅에는 욕망과 오만이 너무 많았다. 신사 숭배하며 자기들의 신을 만들고 각자 자기 자신들을 경배하고 있었다. 주님의 아픔이 나에게도 느껴져 너무나 아팠다. 그러니 나는 진정으로 그들을 사랑으로 품을 수 있었다.

금어초 같은 그들을, 나는 예수님의 사랑으로 품게 되었다. 꽃말을 이겨내는 꽃은 없지만 일본은 반드시 욕망과 오만을 이겨내고 예수님의 사랑을 깨달을 것이다. 이것이 내가 이번 선교를 통해 갖게 된 믿음이다.

듣는마음 류세라

누군가 하늘을 보라고 소리쳤다

인도

6/11

인도에 관해 여러 가지 흥미로운 이야기를 들은 터라 인도 선교 일정이 시작 되는 순간. 나는 기대감으로 엄청 부풀었다. 기도로 오랜시간 준비한 만큼 놀라운 은혜가 있을 거라는 확신도 있었기 때문이다.

인도 델리에 도착해 공항을 빠져나와 실외로 나오는 순간 엄청난 더위에 놀랐다. 해도 없는 밤이었음에도 말도 안 되는 기후에 숨이 턱턱 막혔다. 히터를 엄청 빵빵하게 켜놓은 좁은 공간에 들어온 듯했다. 이런 곳에서 사람이 살 수 있을까 싶었다. 그리고 우리에게 어떤 일이 전개될까 궁금해지기도 했다.

조금만 움직였음에도 빰이 뻘뻘 났다. 공항에서 우리는 곧장 버스로 이동했다. 우리의 두 달 치 짐을 담은 캐리어를 다 들고 타야 해서 현지인들과 캐리어 사이에 낑기어 버스에 탄 꼴이 되었다. 버스 안은 어두웠고, 현지 특유의 냄새가 났다. 낯설은 인도 사람들과 버스 안의 풍경을 보니 정말 영화의 한 장면 같았다. 여행이란 바로 이런 맛이다는 생각을 하며 나는 너무 행복하고 들떠 있었다.

6/12

다음날 우리는 타지마할로 이동하기 위해 길을 나섰다. 거의 목적지에 도착한 시점이었다. 갑자기 중간에 한 현지인이 우리 벤에 들어와 관광 가이드를 해준다고 하셨다. 선교사님께서는 아니라고 필요 없다고 하셨지만 계속 떠나지 않아서 선교사님의 언성이 높아지셨다. 하지만 그분도 순순히 물러나지 않으셨고, 선교사님께서 고래고래 소리를 지르신 후에야 떠났다. 다들 처음보는 광경에 놀랐다. 나는 약간 웃음이 나오기도 했다.

여기 사람들은 수단과 방법을 가리지 않고 이익을 취하기 위해 들러붙기 때문에 이러한 방법을 쓸 수 밖에 없다는 이야기를 들었고, 알고보니 우리 벤을 운전해 주신 인도 기사분께서 돈을 더 얻어내려고 이 가이드를 부른 것이었다는 사실도 알게 되었다.

벤에서 내리자 많은 사람들이 우리에게 기념품을 팔려고 달려들었다. 어린아이부터 할머니까지 다양한 연령대였다. 우리는 그런 사람들을 뿌리치면서 이동해야 했다. 한국에서는 볼 수 없는 가난한 나라의 풍경이었다.

타지마할엔 많은 사람들이 다양한 곳에서 몰려와 있었고, 우리 한국인들과 사진을 같이 찍고 싶어 하는 이들이 꽤 있어서 함께 사진을 찍었다. 그들이 기뻐하는 모습을 보고 잠시 우쭐해졌다.

타지마할은 거대하고 아름다웠다. 사진으로만 보던 타지마할을 실제로 보니 신기했다. 인도 여행자들에게는 빼놓을 수 없는 상징적인 존재라는 말이 실감났다. 타지마할을 장식하고 있는 문양 중 아랍어로 적힌 꾸란이 있었는데, 이 꾸란이 돌에 새겨진 것이고, 그 파인 부분을 검은 돌로 채웠다는 것을 알게 되어 놀랐다.

뜨거움은 장난이 아니었다. 아침에는 생각보다 덥지 않아 이 정도면 버틸만하다 싶었는데, 태양이 점점 떠오르니 많은 이들이 지쳐갔다.

하라가 갑자기 정신을 못차리기 시작하더니 이어서 나윤이와 은빈이 등 많은 이들이 힘들어 하였다. 어찌저찌 아이들을 데리고 그곳을 빠져나와 점심을 먹으러 이동하였다. 어떻게 점심을 먹었는지도 모를 지경이었다.

점심을 먹고 아그라 성으로 가자 붉은 건축물들이 이어져 있었다. 그리고 아그라 성에서 타지마할이 한눈에 보였다. 거

대한 건물인데 떨어져서 보니 화려하기 보다 소박하고 정성스러운 느낌이 들었다. 박화목 선교사님께서 인간이 지은 것도 이렇게 아름다운데 우리 하나님께서 우리를 위해 준비해 놓으신 궁전은 얼마나 아름다울지 상상해 보라는 말씀에 더위 속에서 기분이 좋아졌다.

더위에 헉헉거리는 일정이 끝나고 벤으로 돌아가는 길이었다. 모래 바닥인 곳을 맨발로 뛰어다니던 작은 3명의 아이들이 나에게 다가와 배 고프다고 돈을 좀 달라는 시늉을 하였다. 6살쯤 되어보이는 아이들이었다. 나는 미안하다고 돈이 없다고 했다. 하지만 아이들은 쉽게 포기하지 않았다. 계속해서 나를 쫄래쫄래 따라와 배가 고프다고 했다. 내가 줄 수 있는 건 아무것도 없었다. 복음을 전할 수도 없는 상황이었기에 정말 해줄 수 있는 것이 아무것도 없었다. 아이들은 정말 간절해 보였으며, 따라오며 날 바라보던 그 눈빛이 잊혀지지 않는다. 사실 이렇게 구걸하는 이들에게는 반응을 하지 말고 그냥 그 자리를 떠나면 된다고 들었지만 너무 간절해 보여 무시할 수가 없었다. 이 아이들을 꼭 기억하고 싶어 나는 아이들과 함께 사진을 찍었다.

그리고 이 아이들을 위해 꼭 기도해야겠다고 다짐했다. 아

이들에게 이제 가야 한다고 하고 벤에 탔다. 하지만 아이들은 문 앞에서 계속 말을 걸며 달라붙었다. 예라가 나에게 주었던 작은 젤리를 나눠주고서 더 그랬던 것 같다. 그래도 뭐라도 하나 주고 싶었기에 후회하지 않는다. 벤을 타고 출발하는데도 포기하지 않고 벤을 두드리던 그 모습이 생생하다. 저들에게 이러한 삶은 일상이겠지 싶었다. 씁쓸했다.

6/13

인도에서의 새로운 날이 밝았다. 방을 같이 쓴 예라가 아침부터 머리가 어지럽다고 했다. 왜 그러지 싶었지만 곧 괜찮아질 줄 알고 우리 둘 다 그냥 넘겼다. 박사님께서 머무신 호텔로 조식을 먹으러 이동한 5성급 호텔은 으리으리하고 아름다운 건축물이었다.

조식으로 나온 메뉴들은 참 다양하고, 맛있었다. 우리 앞 테이블에서 대화를 나누며 우아하게 조식을 먹는 현지인들이 눈에 띄었다. 그 분들 뒤쪽으로는 수영장과 야자수가 어우러진 정원이 햇살에 반짝이며 펼쳐져 있었다. 어제 봤던 아이들과 사람들 생각이 너무 났다. 이들은 우리가 남긴 음식도 너무 좋아할 텐데. 그냥 마음이 좀 안 좋았다. 저 모래바닥에서 맨발로 크는 아이들은 커서 무엇이 될까. 이러한 생활은 훗날 좋은 기회가 되는 경험으로 꼭 연결되지는 않을 것이라는 생각이 들면서 좀 막막했다. 예라에게 이런 마음을 나누니 예라는 그런 생각하기 시작하면 끝이 없다고 그냥 기도해 주면 된다고 했다. 나는 고개를 끄덕였다. 그렇듯 인도의 엄청난 빈부 격차를 몸소 체험하며 느낄 수 있었다.

조식을 먹고 나니 예라가 갑자기 더 어지러워하였다. 바깥 정원에 너무 나가보고 싶어 해서 예라 정신을 좀 들게 할겸 밖으로 데리고 나가 함께 잠깐 걸었다. 같이 걷는데 예라가 몸에 힘을 주지 못해 부축하며 걸었다. 예라가 생각보다 많이 아픈 것 같아 놀라고 걱정이 되기 시작했다. 본래 예라는 애가 강해서 잘 아프지 않아 이렇게 아파하는 것이 굉장히 생소했다. 산책 이후에 돌아와서도 예라는 조금도 나아지지 않았다. 어떻게 해야 하나 가늠이 되지 않았다.

호텔의 한 회의실에 인도에서 정말 영향력이 있으시다는 영적 리더 분들이 기다리고 계셔서 우리는 또 그곳으로 이동을 해야 했다. 특송을 불러드리고 그 분들을 위해 기도하는 시간도 가졌다.

그러는 중에도 예라는 너무 힘든지 제대로 서 있지를 못하였다. 그분들과의 만남이 끝나고 벤으로 이동하는 길이었다. 예라를 부축하는데 예라의 몸에서 힘이 점점 빠지는 것이 느껴졌다. 나중에는 거의 걷지를 못하였다. 나는 바로 앞이 벤이라고, 조금만 더 힘내라고 계속 말을 걸어 주었다. 그런데 예라는 더이상은 못 걷겠다고 하였다. 중간에 풀썩 한 번 주저앉았다. 다시 애를 일으켜 세워 얼굴이 일그러진 예라를 힘겹게 벤까지

겨우 겨우 데려왔다.

예라는 계단을 거의 기다시피 올라가 바로 호텔 입구에서 쓰러졌다. 애가 갑자기 힘 없이 축 늘어지니까 너무 놀라서 무얼 어떻게 해야 할지 모른 채 그냥 쓰러진 애를 두고 어떡하지 어떡하지 하며 울 뿐이었다.

다행히 곧 선생님이 오셨고, 얼마 지나지 않아 예라가 깨어났다. 우리의 원래 호텔에 돌아가 예라를 침대에 눕히고 팔토시에 물을 묻혀 시원하게 하고 그것으로 예라의 몸을 닦으며 체온을 떨어뜨리려고 엄청 노력하였다. 예라 외에는 아무것도 보이는 게 없었다.

　다음 일정이 있었기에 예라와 아픈 여준이는 호텔에서 쉬는 것으로 하고, 다른 아이들은 남은 원래 일정을 진행했다. 바하이 종교의 예배당인 로투스 탬플을 방문했다가 간디 기념관을 갔다.

　뭄바이행 기차를 타야할 시간이 되었다. 다들 기차역으로 갔다. 푹 쉬더니 예라가 회복되어 있었다. 너무나 감사했고 다시 용기가 났다. 기차역에는 사람이 정말 상상할 수 조차 없이 많았고, 수많은 사람들이 남들의 눈치를 보지 않고 바닥에 그냥 누워 있었다. 우리는 서로를 놓치지 않도록 짝을 지어 기차까지 이동했다. 이 침대 기차는 인도에서 가장 유명하고 좋은 침대 기차라고 하였다. 그러나 가장 좋은 기차라는 말이 의심스러웠다. 그만큼 인도의 열악한 생활상을 봐버렸기 때문이다.

이스라엘

6/17

인도의 엄청난 은혜 이후에 이스라엘행 비행기 안이었다. 이스라엘에 대해 선교사님께서 인도보다 정말 몇천 배 중요하다는, 또 그만큼 영적 전쟁이 심하다는 말을 하셨다. 인도에서 일어나는 엄청난 영적 전쟁을 봤기에 그 땅을 향하면서 나에게는 뭔가 기도를 해야 할 것만 같은 압박감이 있었다. 그래서 영화도 보지 말고 기도하며 갈까 하다가 너무 다양한 최신 영화들에 이끌려 그냥 보게 되었다. 그렇게 보고싶은 영화를 계속 보다보니 어느덧 착륙까지 남은 시간은 1시간이었고, 그 동안에 계속 기도할 수 있었다. 이스라엘에서의 영적 전쟁에서 승리하도록, 놀라운 은혜가 있도록, 또 엄청난 하나님을 우리가 체험하도록.

이스라엘 땅에 도착했다. 여기저기에서 유대인들이 눈에 띄었다. 예쁜 사람들과 깨끗하고 세련된 공항이 기억에 남는다. 왠지 보이는 자연 경관에서 어떤 신성함이 느껴졌다.

아이들은 인도에서의 열악한 환경에 익숙해져 있다가 선선하고 쾌적한 곳에 도착하니 다들 신이 나고 들떠 있었다.

6/18

다음날이었다. 어제 밤에 거실 쪽 침대에 잠깐 누워 있다가 불도 끄지 못하고 잠들어버려서 새벽 5시쯤 일찍 깼다. 그때 일어나 불을 끄고 창밖을 보니, 잔잔한 파도가 산들거리는 시원한 바람과 함께 넘실대며 날이 밝아오는 것이 보였다. 지중해변가에는 아무도 없고, 그저 파도만 성실히 자기의 일을 할 뿐이었다. 너무도 고요하고 평온해 보이는 그 해변가를 바라보며 이스라엘 땅을 향한 사랑과 기대가 갑자기 밀려왔다.

아침, 우리는 밖으로 나가 지중해변이 보이는 원형극장에 둘러앉아 기쁨의 찬양으로 하루를 시작했다. 왠 유대인 할아버지께서 합류하셔서 같이 하나 되어 이스라엘의 샬롬을 외치는 노래와 찬양을 함께 올려드리는 은혜가 있었다. 마지막에는 함께 그분을 축복하고 기도하는 시간을 가졌다. 시작부터 하나님께서 일하심이 느껴졌다.

6/19

이날은 예수님께서 세례 받으신 요단강에서 나도 세례를 받는 참으로 놀라운 은혜가 있었다. 정말 내가 구원 받았음을 확인하며 내가 하나님의 자녀라는 정체성을 되새길 수 있는 귀한 시간이었다. 예수님께서 세례 받으신 곳에서 나도 세례를 받았다는 것이 너무 놀랍고, 하나님께서 정말 날 사랑하신다는 것이 느껴져 참 감사했다. 또 이란에서 있었던 부흥이 생각났는데, 대형 수영장을 빌려서 사람들에게 세례를 베풀던 장면이 떠올랐다. 나말고도 열방에 수많은 이들이 예수님을 만나 옛 과거를 버리고 이제 새롭게 예수님을 따르겠노라 세례를 받고 있을 것을 생각하니 참 은혜가 되었다.

우리는 이동해 아랍 지역으로 떠났다. 새로운 호텔에 도착했는데 New Capital 이라는 호텔이었다. 이 호텔에서 만난 요리사 한 분이랑 흰 옷 입은 웨이터 분과 친해졌는데 그분은 딸 세 명이 있다고 하셨다. 딸이 한국을 좋아해서 영상 통화도 같이 했다.

그리고 그 요리사 분은 처음부터 뭔가 너무 정이 갔다. 그래서 그분께 해주신 요리가 너무 맛있다고, 당신은 너무 좋은 요리사시라고 말씀드리니까 좋아하시면서 대추 야자와 아랍 과자를 주셨다. 이 두분의 구원을 위해 기도할 수 있는 시간이었다.

6/20

아침에 호텔을 떠나면서 마음에 아쉬움이 있었다. 요리사 분께 꼭 예수님의 사랑을 전하고 싶었기 때문이다. 하지만 어쩔 수 없었다. 기도할 수 밖에는.

그렇게 우리가 처음 이동했던 곳은 예수님께서 승천하셨던 곳이다. 예수님이 승천하셨던 바로 그 현장에 내가 서 있고, 이곳에서 예수님이 승천하셨을 생각을 하니 너무 놀랍고 신기했다. 그런데 그 위가 뚫려 있지 않았는데, 예수님이 다시 오시지 못 하도록 무슬림들이 지붕으로 막아 놓았다는 것을 알게 되었다. 약간 불쾌감이 들었다.

그곳 앞에서 우리 팀은 마라나타 찬양을 부르기 시작했다.

마라나타 주 예수여 어서 오시옵소서.

땅의 모든 끝, 모든 족속. 주를 찬송하게 하소서. 마라나타 주 예수여 어서 오시옵소서.

모든 열방이 주께 돌아와 춤추며 경배하게 하소서. 우리 주님 다시 오실 길을 만들자.

십자가를 지고 땅 끝까 우린 가리라. 우리 주님 하늘 영광 온 땅 덮을 때 우린 땅 끝에 서 주를 맞으리.

마라나타, 마라나타… 아멘 주 예수여 오시옵소서. 마라나타, 마라나타…

우리 팀이 고백했던 가사이다. 우리는 이 가사를 부르며 뜨거운 성령 님을 경험했다. 모든 민족이 주께 돌아와 춤추며 경배하게 되는 그 날까지, 모두가 하나님의 영광을 보 게 될 그 날까지, 우리는 우리의 십자가를 지고 땅 끝에서 주를 전하며 주를 만나게 될 것이다. 그렇게 눈물로 예수님의 다시 오심에 고대를 고백하며 그 날까지 다할 사명을 다잡는 시간이었다.

그 후, 엄청난 일이 일어났다.

누군가 하늘을 보라고 소리쳤다. 하늘을 올려다 보니 파란 하늘에 북두칠성이 선명하고 밝게 빛나고 있었다. 다들 너무 기뻐하고 흥분했다. 예수님께서 다시 오심을 약속하시며 승천하셨던 곳이지만 이제는 아무도 예수님의 다시 오심을 바라지 않는 이 땅에 울려퍼진 우리의 찬양과 기도를 하나님은 정말 기뻐 받으신 것 같았다. 예수님께서 반드시 다시 오실 것이라는 증표를 보여주시듯이, 너희들이 했던 고백을 내가 반드시 이루리라 하시는 듯 북두칠성은 밝고 아름답게 빛났다.

다음 장소는 주기도문 교회였다. 여기서도 엄청 신기한 일이 있었는데, 원래 공사하느라 주기도문 교회가 8개월동안 열지 않았다는 것이다. 하지만 우리가 온 오늘 8개월 만에 처음으로 문을 열었다. 하나님께서 우리를 위해 모든 것을 다 예비하시고 인도하신다는 생각이 들었다.

주기도문 교회에는 전세계 각국의 언어로 주기도문이 적혀 있었다. 목사님께서 주기도문의 한 문장 한 문장을 분석해 주셔서 주기도문의 의미를 깊이 묵상하며 기도했다.

이후에 주기도문 교회을 돌아다니며 가이드 선생님의 설명을 듣고 있을 때였다. 갑자기 사람들의 놀란 소리가 들려 그곳을 보니 박화목 선교사 님께서 쓰러지고 계셨다. 입술에 아무 빛도 없으시고 힘 없이 쓰러지시는 모습을 보며 우리 모두 너무 놀라고 걱정 되어서 패닉 상태가 되었다.

정말 영적 전쟁이라는 생각이 들었다. 우리가 할 수 있는 것은 기도 밖에는 없었기에 온 마음 다해 하나님께 합심해서 기도할 뿐이었다.

이동해야 한다는 말씀에 우리는 그렇게 떨어지지 않는 발걸

음을 떼어 선교사님을 두고 이동했다.

　주기도문 교회를 빠져나와 황금돔을 보러 예루살렘 전망대로 향했다. 그곳에서 박사님이 해주셨던 말씀이 나에게 굉장한 충격과 깨달음으로 다가왔다. 박사님께서 죽으면 우리가 가장 고대하는 천국에 가는 것이기 때문에 슬퍼하거나 절망할 필요가 없고, 살아서는 사명을 감당할 수 있기 때문에 어느 쪽이든 최고라는 말씀을 하셨다. 이런 시각으로 바라보아야겠구나 라는 생각이 들었다.

이후에 예수님께서 십자가에 달리기 전 눈물로 기도하던 겟세마네 동산에 세워진 교회에서 예수님의 십자가를 묵상하며 기도했다. 우리를 위해 사람의 몸으로 이 땅 가운데 내려오셔서 인간과 같이 아픔과 고통을 느끼신 예수님. 내게서 이 잔을 거두소서 하셨지만 하나님의 뜻을 따라 십자가에 달리셨던 예수님. 원래는 내가 달렸어야 할 그 십자가에서 피를 흘리시고, 채찍에 맞으시고, 못 박히신 그 사랑을 묵상했다. 그리고 내 죄를 고백하며 용서를 다시 한 번 십자가 앞에 구하였다.

이미 확증하신 그 사랑이 있는데, 나를 위해 십자가에 달리셨는데, 또 예수님을 부인하고 내 멋대로, 내 본능대로 죄를 구하며 살았던 내 모습. 하나님보다 내가 높아져 내가 하나님이라도 된 마냥 살았던 모든 순간과 내 생각으로 짓던 모든 더러운 죄들. 들키고 싶지 않았고, 고백하고 싶지 않던 내 깊은 곳에 있는 죄들을 전부 하나님 앞에 가지고 나아가 고백하며 용서를 구하였다.

아버지께 모든 죄를 고백하고 난 뒤에 자녀는 수치스럽지도, 무섭지도 않았다. 그저 엄청난 평안뿐이었다.

"사랑하는 내 딸아. 나는 너의 모든 죄를 이미 해결하였다. 나의 거룩한 보혈로 너를 씻기었으므로, 너에게는 이제 결코 정죄함이 없다. 나는 너의 죄들을 기억하지 않는다. 그저 네가 나에게 돌아와 줘서 고마울 따름이다.…"

죄로 인해 두려움에 떨며 스스로를 정죄하고 자책하던 자녀는 아버지의 말을 듣고 이루 말 할 수 없는 압도되는 자유함과 감격으로 벅차올랐다. 감사와 감격의 눈물이 흐르고 있었다.

자녀는 고백하였다.

"아버지. 아버지의 십자가 길을 저도 기꺼이 가기를 원합니다. 이 사랑을 알지 못하는 이들을 위해, 아직도 죄 속에 떨며 참 평안과 자유를 모르는 다른 자녀들을 아버지의 품으로 돌이키기 위해 제 모든 것을 바치겠습니다. 영광에 따르는 고난을 아버지를 위해 기꺼이 감당하겠습니다."

하나님과 했던 거룩한 서약이다.

히브리대학으로 이동했다. 히브리대학은 이스라엘 최고의 명문대로 노벨상 수상자만 15명, 필즈상 수상자 2명, 이스라엘 총리 4명, 이스라엘 대통령 4명을 배출한 이스라엘 최고의 대학이다.

학교 음식도 먹고 노벨상 수상자들 사진 앞에서 사진도 찍고 했지만 이 대학교에서 내 마음에 들어왔던 것은 다른 것이 아니었다. 바로 하마스에 인질로 잡혀간 이스라엘인들의 사진이 들어 있던 포스터였다. 돌아다녀 보니 곳곳에 이스라엘 인질들의 인쇄된 사진이 붙어 있었다.

원래는 이들에 대한 아무런 정보조차 없을 뿐더러 애초에 생각하고 있지도 않았다. 그랬기에 나에게는 이스라엘 인질들을 대한 첫 인지가 이루어졌던 곳이다. 또 이스엘에 대한 마음이 부어지는 기초가 다져지는 기회였다.

마지막으로 베드로 통곡 교회에서 있던 깨달음이다. 예수님께서 네가 내 이름을 세 번 부인할 것이다 하셨을 때 베드로는 본인은 절대 배신하지 않을 것이라고 큰 소리를 떵떵 쳤었다. 하지만 그럼에도 예수님의 말씀대로 세 번 저주하였다. 그것도 저주하고 맹세까지 하면서 부인하였다.

그렇게 닭이 세 번 울고 예수님을 배신한 것이 명확해졌을 때 정말 엄청난 절망과 죄책감에 시달렸을 것 같다. 그렇게 시간이 흘러 예수님께서 부활하시고 베드로를 향해 여쭤신 말씀이 나에게 굉장한 은혜가 되었다.

"네가 나를 사랑하느냐."

"주님 그러하나이다 내가 주님을 사랑하는 줄 주님께서 아시나이다." 대답한 베드로. 하지만 아직 무거운 마음이었을 것이다.

주님은 다시 한번 물으신다. "네가 나를 사랑하느냐." 주님은 또 한번 물으신다. "네가 나를 사랑하느냐."

그렇게 주님을 향한 사랑의 고백을 세 차례 이끌어내셨다.

이것을 통해 베드로를 향한 예수님의 엄청난 사랑과 배려가 와닿았다. 죄책감에 빠져 힘들어하던 베드로를 위해 사랑의 고백을 세 번 이끌어내신 배려와 선하심. 이 놀라운 선하심에 가슴이 아름답게 아렸다.

이날은 정말 정죄하지 않으시는 선하신 아버지를 발견하는 날이었다.

6/21

이날은 이스라엘 Billion Soul Harvest 집회가 있는 날이었다. 우리는 우리끼리 아침에 예배를 드리고 이스라엘 교회로 이동했다. 이스라엘 현지 교회의 겉 외관은 전혀 교회인 것을 알 수 없도록 해 놓았던 것이 기억에 남는다. 그곳에서 우리는 유대인들과 함께 연합하여 찬양과 경배를 올려드렸다. 이후 박사님의 Billion Soul Harvest 비전이 이스라엘 땅 가운데 나눠지는 것을 들었다. 이 비전이 꼭 이 땅을 묶고 있는 어둠의 세력들에게 보란 듯이 선포되는 듯한 느낌이었다. 정말 중요한 이스라엘 땅에 이 비전이 심겨지는 역사적인 현장에 함께 한다는 것이 실감이 나면서 하나님이 일하시는 현장에 있다는 것이 확 와닿았다.

중간 쉬는 점심시간에 있던 일이다. 우크라이나에서 이스라엘로 피난을 와 살고 계시는 할머니와 북한 언니 사이에서 통역하며 나는 북한의 부흥과 미사일에 대해 이야기 나눌 수 있었다. 또 이후에 교제하며 함께 은혜를 받았다. 그분께서 그 분의 간증을 적은 책을 이메일로 보내주시겠다고 약속해 주셨다.

이후 주권능 님의 영어 간증과 다양한 북한 분들의 말씀을 통해 북한의 열악하고 소망이 없어 보이는 상황 속에서 일어나는 수많은 목숨을 각오한 기독교인들의 이야기를 들었다. 그렇게 역사하시는 살아계시는 하나님을 이스라엘 분들과 함께 놀라워 하였다.

이스라엘 분들은 특히 북한이라는 나라는 그저 무시무시한 독재자 아래 통치되는 남한과는 사뭇 다른 나라라는 생각이셨을 텐데, 북한에서 하나님의 인도하심을 받고 이 자리 가운데 함께 사역하는 것을 보고 엄청난 은혜가 되었을 것이다. 또한 인질에 대한, 북한과 이스라엘의 공통된 아픔이 있기에 하나님께서 이 시간들을 통하여 더욱 이들에게 치유와 소망을 허락하셨다. 그러한 은혜의 시간 이후, 우리 팀은 함께 가자 지구 국경 근처로 향하였다. 옛날 그리스도인들이 유대인들에게 주었던 상처에 대한 사과문을 전달하기 위해서였다. 기독교인들에 대한 상처가 있기에 이 사과문을 전달해야 이들이 마음의 문을 열 수 있다고 하셨다.

이곳에서 우리는 유대인 모자를 쓴 열댓명 정도 되는 청년 학생들을 만났다. 선생님처럼 보이시는 분과 함께 온 청년들은 국경을 바라보며 선생님의 설명을 들으며 공부 하고 있었다. 우리는 이들이 떠나기 전 모여 있는 시간에 사과문을 나누어주기 시작했다. 처음에는 그들이 마음의 문을 열지 못하고 수줍어 하는 느낌이었다. 하지만 히브리 국가부터 시작해서 이스라엘을 축복하는 노래를 부를 때 이들이 같이 따라 부르기 시작하면서 함께 어깨동무를 하며 기뻐하였다. 마지막으로 야곱의 축복을 불러주니 화답으로 히브리 노래도 불러 주었다.

그렇게 떠나려고 할 때였다. 또 다른 만남이 있게 하셨는데, 웬 군인 분을 만나게 되었다. 이 국경에 맞닿아 있는 마을을 지키시는 군인 분이셨다. 그분은 원래 변호사셨는데 작년, 2023년 10월 7일에 이 자리에 있었던 하마스의 테러 이후 주민들을 지키기 위해 군인이 되셨다고 하셨다. 그 분이 우리에게 들려주셨던 생생한 그 날 테러의 이야기들과 하마스의 만행들은 너무도 끔찍해 우리에게 엄청난 충격을 안겨 주었다. 한 가정에 들어가 그 가정의 아이를 오븐에 넣고 돌려 버리고, 아내를 남편 보는 앞에서 강간하고, 보는 이들마다 무차별적으로 전부 폭격하는 등 정말 상상치도 못할 일들이 벌어졌다는 것을 알게 되었다. 본인의 친구들도 인질로 잡혀갔다는 이야기도 하셨다.

우리는 이스라엘을 위해 기도하고 있고, 또 계속 기도할 것이고, 이스라엘의 편이라고 전해 드렸다. 그분께서는 고맙다고, 이스라엘 편에 서 있는 너희가 옳은 것이라고 하셨다. 이야기하는 내내 그 상처와 분노로 얼룩진 그분의 마음이 너무 느껴지고 다가와 참 가슴이 아팠다. 그렇게 이스라엘의 아픔을 정말 내 피부로 느끼며 깨달았다.

다시 예배 장소로 돌아와 히브리 찬양을 드릴 때 이스라엘의 아픔과 상처와 분노는 해결할 길이 오직 예수님 뿐이라는 생각이 들었다. 또 하마스에 대한 마음이 부어졌는데 어둠 가운데에서 어둠을 확산시키며 어둠의 삶을 살고 있는 이들을 바라 보시며 하나님의 마음은 정말 찢어지고 계시겠다는 생각이 들었다.

이들도 하나님의 사랑하는 자녀들인데. 이들을 위해서도 십자가에 달리셨는데. 단 한 자녀도 심판받길 원하시지 않는 아버지의 마음. 절대 이들을 포기하지 않으시는 아버지의 마음으로 하마스를 올려드리며 기도하였다.

6/22

BSH 집회의 마지막날이었다. 이날 들었던 말씀이다.

이스라엘은 제사장의 나라인데 그 역할을 감당하지 못했을 때 있을 하나님의 심판이 기다리고 있다. 하지만 이스라엘에 소망이 있다는 것이다. 바로 믿는 유대인들. 바알에게 무릎 꿇지 않는, 입 맞추지 않는 하나님의 사람들을 남기셨다는 것이다. 이 유대인을 통하여 하나님께서는 일하고 계시고 우리는 깨어나 우리가 무엇을 해야 하는지 각성을 해야 한다는 메시지를 들었다.

이후 이스라엘과 한국 목사님들이 서로 축복해주며 기도하는 시간이 있었다. 각자의 언어로 서로를 위해 기도하는 모습을 보면서 같은 비전과 사랑 안에 하나되는 것을 느꼈다. 하나

님께서 이렇게 놀라운 역사를 이 땅에서 또 써내려 가신다는 것이 실감이 나면서 성령님의 임재를 경험했다. 그렇게 굉장한 은혜 가운데 BSH 집회를 잘 마치고 우리는 이동하였다. 우리가 도착한 곳은 24시간 예루살렘의 기도의 집이었다. 예루살렘이 한눈에 보이는 창으로 앞 시야가 뚫려있어 예루살렘을 바라보며 기도할 수 있었다.

  그렇게 뜨겁게 이 땅의 회복과 영혼들을 위해 기도하기 시

작했다. 이때 정말 놀라운 기도의 불이 붙었다. 우리가 했던 기도가 정말 영적으로 이 땅을 강력하게 흔드는 것을 느꼈다. 이 기도 이후 어머니께서 갑자기 답답해하시고 아파하셨다.

그전까지 멀쩡하시다가 갑자기 일어난 일이었다. 어느 특정 부위가 아픈 게 아니었고, 그냥 힘들어하실 뿐이었다. 하나님께서 기뻐하시는 만큼 사단의 공격도 있었던 것 같다. 나는 어머니를 위해 기도하며 이 영적 전쟁을 두고 더욱 기도하였다.

6/23

기도 덕분에 어머니도 많이 회복되시고, 박사님의 분노와 사랑에 대한 말씀을 통한 깨달음도 있었다.

이날은 특별히 광야로 갔었다. 드넓은 광야는 굉장히 건조하고 또 뜨거웠다. 사슴들은 드문드문 걸어다녔다. 그곳에서 오고가며 만나는 수많은 군인들이 있었다. 이들은 정말 본인 나라에 대한 사랑과 자부심이 큰 것 같았다. 사명감과 열정이 느껴지는 이들이었다. 우리는 또 우리의 치트키 하티크바 국가를 이들을 향해 부르며 또 이스라엘의 샬롬을 바라는 노래를 불렀다.

다들 너무 좋아해 주었으며 몇은 눈물을 보이기도 했다. 나와 4살 차이 나는 이스라엘 언니와는 짧게 대화를 나누기도 했는데, 정말 나와 별 차이가 나지 않는 어린 소녀 같다는 생각이 들었다. 그런데 자기 나라를 위해 이렇게 헌신하는 마음을 지니고 있는 것을 보며 나도 내 나라 대한민국을 위해, 또 하나님의 나라를 위해 헌신하는 마음을 다짐할 수 있었다. 이후 다른 일정들을 미치고 새로운 호텔에 이르렀다. 수영장이 있어 물놀이도 하고, 맛있는 저녁을 먹으며 사랑하는 우리 팀과의 즐거운 시간을 가졌다.

6/24

이날은 특별히 일출을 구경하기 위해 이른 아침에 눈을 떴다. 하지만 조금 늦게 일어나 다들 떠나고 없는 상태였다. 룸메이트였던 진영이가 창문으로 누군가 뛰어 가는 것을 보았다고 해서 우리는 그냥 둘이 그 쪽으로 향하였다. 조금 걷다보니 옆에는 사슴 무리들이 떼거지로 언덕에 자리잡아 같은 방향 같은 자세로 앉아 있는 것을 보았다. 아무도 없는 막 해가 뜨기 시작하는 고요함 속에서 우리는 이 상황이 너무 행복했다. 조금 더 걸으니 사람들이 모여 있는 것이 보였다. 아름다운 일출을 바라보며 사진을 찍고 잊지 못할 좋은 경험을 하였다. 특별히 엄마가 계셔서 너무 편안하고, 이 아름다움과 은혜를 함께 나눌 수 있어 너무 행복했다. mp3로 찬양을 들으며 또 예수님을 묵상하며 이 땅을 위해 기도하는 시간도 짧게 가졌다.

호텔에 돌아와 조식을 먹고 쉰 다음 우리는 사해에 갔다가 다윗의 폭포를 갔다. 아이들이 좋아하는 물놀이를 계속할 수 있어서 아이들 전부 들뜨고 좋아했다.

모든 일정을 마치고 호텔로 이동했다. 정말 놀라운 것은 도착한 호텔이 다름 아닌 New Capital 호텔이었다. 그 아랍 요리사 분 뵈었던 그 호텔에 다시 온 것이다. 반가운 얼굴을 다시 보게 되어 너무 좋았고, 그분도 우리가 보고 싶으셨다면서 우리에게 당신들은 너무 좋은 사람들이라고 해주셨다. 또 나와 몇 명 아이들에게 초코바도 따로 챙겨주셨다. 저번에 그냥 헤어지게 되어 너무 아쉬웠는데 이렇게 다시 만난 것을 보니 하나님께서 특별히 예수님의 사랑을 나눌 수 있는 마지막 기회를

주시는 느낌이었다.

　그래서 꼭 복음을 전해 드리고 싶은데 어떻게 할 수 있을까, 영어로 말씀 드리면 알아 들으실까? 아랍인에게 복음을 전하면 안되나? 라는 다양한 질문으로 혼자 고민하였다.

　이후 저녁을 먹고 우리 IDS 끼리 모여 주제 활동을 하던 때였다. 사실 이때 여러가지로 마음이 많이 상한 상태였다. 이와 겹쳐져 내 과거와, 내 친구들과 대비되는 지금 놓여진 내 상황

에 대한 부정적인 생각이 학교에 대한 부정적인 생각으로 번져 갔었다.

내가 지금 이곳에 와 감정적으로 시간 낭비하는 시간에 고2 학생으로서 당장해야하는 공부를 하는 것이 맞지 않을까 하면서 말이다.

엄마의 얼굴을 보니 눈물이 나 울고 싶지 않았지만 울게 되었다. 이 때 수려한 님, 하늘소망 님, 충직한 님께서 권면의 말씀들을 해주셨다. 이 말씀을 들으며 내가 지금 영적으로 공격을 받고 있는 거구나 라는 생각이 들었고, 다시 내 마음을 추스리게 되었다.

다른 아이들은 아직 안에서 감사를 적고 있었는데, 원래 어른 분들끼리만 가는 것이었던 예루살렘 성벽 밤 산책에 특별히 내가 함께 가게 되었다. 밤 거리를 거닐며 은혁 쌤의 이야기를 듣는 시간을 가졌다. 덕분에 하나님께 정말 맡기지 않으면 책임지시지 않는다는 것을 다시 되새기게 되었고, 마음이 많이 평온해졌다. 하나님께 내 삶을 맡기면 전부 책임져 주신다는데 내가 무엇을 불안해하랴. 또 은혁 쌤을 위해 기도를 더 열심히 해야겠다는 생각이 들었다. 하나님께서 특별히 선택하셔서 만나 주시고, 돌이키시고 IDS 선생님이 되시기까지 이끄셨는데 앞으로 더욱 하나님이 기뻐하시는 분이 되시고, 그의 음성을 듣고 그 뜻대로 행하시도록.

박사님께서 길거리에 젤라또 가게를 발견하셔서 거의 마감 시간에 젤라또 가게에서 젤라또 사주셔서 젤라또도 먹었다. 주황빛 조명이 거리를 밝히던 그날 밤의 풍경과 기억이 아직도 생생하다. 참 좋은 선생님들 사이에서 성장할 수 있는 나는 참 감사하다.

6/25

아침에 우리 가이드 선교사님과 함께 식사를 나누며 이야기 할 기회가 있었다. 그리고 이때 한국어학과에 대한 이야기를 들었다. 한국의 위상이 점점 높아지고 있어, 세계 어느 나라든 가장 좋은 대학에는 한국어과가 있는 추세라고 하셨다. 히브리 대학에도 한국어과가 있는데, 이곳에 교수 자리가 비었을 때 기독교인이 들어오길 바랬지만 그렇지 못해서 굉장히 안타깝고 아쉽다고 하셨다. 요즘에는 선교지에 비자를 받고 잘 정착하기도 더 어려워졌는데 교수로 이 나라에 있으면 안정적으로 정착할 수 있고, 위상도 높고, 복음을 전하며 하나님의 사역을 하기에 너무 좋은 위치라고 하셨다. 한국어학과 교수가 정말 선교지에서 선교를 하기 좋은 직업이라는 것을 깨달았다. 옛날부터 늘 선교에 대한 비전이 있어서 무얼 하며 선교 사역을 할 수 있을까 라는 질문을 했었다. 한국어학과에 대해 알게 되면서 전에는 생각해 보지 못했던 또 새로운 길이 열리는 깨달음이 개인적으로 있었다.

이후 우리는 예루살렘 성벽을 걷고 다윗성을 지나 대망의 히스기야 터널에 도착했다. 들쭉날쭉한 천장과 좁고 물이 차 있는 길을 20분간 걸어 나아갔다. 이 길이 예수님을 믿는다는 이유로 죽이려고 하는 자들을 피해 몰래 도망하던 길이라고 혼자 상상하며 걸었다. 그러면서 과연 그 상황에서 나는 두려워하지 않고 기쁨으로 찬양을 할 수 있을까 라는 질문을 스스로에게 하기도 했다.

히스기야 터널을 지나 나오니 실로암 연못이 나왔다. 우리는 기쁨으로 그 앞에서 찬양을 드렸다. 이 때 또 한 사람을 보내어 주셔서 함께 기쁨으로 찬양을 올려 드렸는데, 선글라스를 쓰고 있는 언니였다. 축복 찬양을 해주며 보니 눈에 문제가 있는 분 같았다. 또 이야기를 나누어 보니 정신적으로 아프신 분이라는 것도 알게 되었다. 평생 장님이었던 사람이 고침을 받앉던 이 곳 실로암에서, 나는 이 분을 위해 속으로 간절히 기도했다. 하나님의 기적을 허락해 주시라고. 하나님께서는 우리와 만나게 하고자 하시는 이들을 어떻게든 준비해 주신다는 생각이 들었다. 우리 하나님은 참 세심하시다.

점심을 맛있는 한식으로 먹고, 베데스다 못을 지난 뒤 비아 돌로로사를 따라 걸었다. 십자가의 길, 고난의 길, 슬픔의 길이라고 불리는 이 곳은 예수님께서 본디오 빌라도에게 재판을 받으셨던 장소부터 십자가에 달리셨던 골고다 언덕까지의 거리를 의미한다. 비아 돌로로사를 따라 걷고 있는데, 이때 갑자기 상연이가 사라졌다는 말이 나왔다. 아무도 언제 사라졌는지 알지 못했고, 이 낯선 땅에서 애를 잃었으니 다들 너무 당황하고 걱정했다.

선생님께서 우리가 지나왔던 길로 되돌아가 상연이를 찾으러 가시고, 우리는 그동안 길거리에 다들 주저앉아 상연이를 찾아오실 때까지 기다렸다. 얼마 지나지 않았을 때 상연이를 발견하시고 데리고 오셨다. 알고보니 상연이가 잠깐 화장실을 들린 사이에 모두가 온 줄 알고 우리가 떠났던 것이었다. 다행이 가이드 선생님께서 전에 해주신 말씀대로 잃어버린 자리에 가만히 있어서 찾을 수 있었다. 참 다양하게 사단이 우리를 공격했다.

   그렇게 상연이를 데리고 우리 팀은 성묘 교회로 향하였다. 예수님의 죽음과 부활이 있었던 곳이었다. 예수님이 이곳에서 십자가에 달리시고, 부활하셨다는 것이 너무 신기했다. 이 곳에서 나를 위해, 또 이스라엘과 온 열방을 위해 십자가에 달리시고 다시 살아나신 예수님을 묵상하며 기도를 드렸다.

   십자가와 부활의 사실을 깨닫고 이 진리가 믿어지는 것은 정말 엄청난 은혜인 것이다. 예수님의 발자취가 살아있는 이 땅에 살면서도 예수님을 믿지 않는 이들이 대부분인데, 내가 무엇이라고 구원이라는 말도 안 되는 은혜를 주시나 라는 생각도 들었다. 마지막으로 통곡의 벽에 가서 기도를 드렸다.

   솔로몬 왕이 이곳에 성전을 건축하고 여기에서 기도하면 소원을 이루어 준다고 했던 것을 믿었기 때문에 이곳에 와서 유대인들이 기도하는 것이라고 한다. 유대인들은 뭐가 그리도 간절한지 뜨거운 태양볕 아래서 계속 그 벽에 이마를 대고 기도를 하였다. 몇은 토라를 읽고 계셨다. 그리고 수많은 기도 제목들이 담긴 종이 쪼가리들이 그 벽 좁은 틈새에 꽂혀 있었다.

   이후에 이동하여 이스라엘의 황금돔을 보기 위해 발걸음을 뗐다. 전까지는 이스라엘 군인들에게 인사를 샬롬으로 하였는데, 이곳은 아랍인들이기 때문에 샬롬으로 인사하면 안 된다고 하였다. 나도 모르게 습관이 된 샬롬이 나와버려서 당황했었던 기억이 있다.

　모스크는 비무슬림의 출입을 엄격히 금지하고 있었다. 우리는 관광객이기 때문에 들어갈 수 있었고, 들어가기 전 소지품 검사를 받고, 반바지를 입은 학생들에게는 긴 치마를 나눠줘 그것을 입고 들어갔다. 이 황금돔은 무슬림들이 이곳을 무하마드가 승천한 곳이라고 믿어 성전 터에 세운 무슬림 사원이다. 유대인들은 이곳을 세계의 중심으로 여기고, 세상이 창조될 때 이곳에서부터 시작되었다고 믿지만, 그곳엔 이슬람 사원이 들어서 있는 것이다. 이스라엘 내에선 유대인들이 치안의 전권을 쥐고 있지만, 전세계 아랍권의 반격이 두려워 이 이슬람 성지만은 어쩌지 못하고 있다고 한다.

　성전 안에는 몇몇 사람 빼고는 아무도 없었다. 고요하고 평화롭고 또 아름다웠다. 부부처럼 보이는 남녀가 천천히 거닐고, 히잡을 두른 언니가 황금돔이 드리우는 그늘에 앉아 샌드위치를 먹고 계셨다. 우리를 바라보고 짓는 그 미소는 참 순수하고 따뜻했다. 여러 충돌의 스토리가 있다는 것이 무색할 정도로 평화롭고 편안한 분위기였다. 이것을 통해 눈에 보이지

않는 영적인 세계가 참으로 살아있고, 그게 우리의 많은 부분을 차지하고 있다는 생각이 들었다.

이곳 관리자이신 분이 우리를 딱 보시더니 이곳에서 기도하면 안 된다고 하시며, 우리가 사진 찍을 때 손드는 것도 하지 못하게 하셨던 것이 기억에 남는다. 우리를 빨리 내보내려 하셨다. 우리는 그렇게 떠밀리듯 빠져나왔다. 많은 한국인들이 이곳에서 기도를 하였나 보다. 사원을 빠져나오니 바로 이스라엘 군인들이 있고, 그렇게 샬롬으로 인사를 하였다. 같은 나라, 같은 땅인데 몇 걸음만 떼면 너무 다른 모습들에 이 땅의 복잡한 사정을 다시 한번 체감했다.

호텔에 돌아온 후 저녁을 먹었다. 그 요리사 분께서 우리가 이 호텔에서 마지막으로 먹는 저녁이라고 특별히 신경써서 준비해 주셨다. 직접 만드신 초코 케이크도 대접 받았다. 너무 기쁘고 참 감사했다.

내가 저번에 어떻게 하면 요리사 분께 복음을 전할 수 있을까 고민하던 부분에 대해 박사님께 여쭈어 봤는데 박사님께서는 이들에게 직접적인 예수의 이름을 전하면 반감을 가질 수도 있기 때문에 축복해 주고 기도해 주면 된다고 하셨었다.

그래서 언제 해드릴 수 있을까 하고 있었다. 그런데 저녁 식사 후, 박사님께서 나와 몇 친구들을 부르셔 이분께 축복송을 불러드리고 기도해 드리는 시간을 가졌다. 이때 이분이 정말 예수님의 사랑을 깨달으셨으면 하는 간절한 마음으로 눈물로 기도하였다. 그 간절함과 사랑이 통했을까. 기도 후 그 분의 눈은 압도되는 사랑과 감격을 내비치고 있었다. 우리 모두를 안아주시며 감사를 표하셨다. 우리는 이분께 마지막으로 "Jesus loves you."라고 말씀 드렸다.

이분을 위해 이 이스라엘에 왔다고 해도 아깝지 않을 정도로 천하보다 귀한 이 요리사 분을 만나 친밀해지며, 다시 이 호텔에 묵도록 인도하셔서 마지막 날 이렇게 예수님의 사랑을 전하기까지의 과정은 하나님의 인도하심과 계획 외에는 설명할 방법이 없다. 하나님께서 이 분을 꼭 만나주실 것 같다.

마지막 날 축제의 밤이었다. 맛있는 과일과 간식, 어른 분들은 포도주, 아이들은 성찬식 용 무알콜 포도주를 나누었다. 함께 각 테이블에 둘러 앉아 서로의 감사와 이야기를 듣는 교제의 시간이었다. 어른 분들과 섞여 각 테이블에 앉아 그분들의 이야기를 통해 예상치 못한 은혜로 이끄셨다. 개인과 가정을 치유하시는 과정도 이번 여정 가운데 있었다는 것을 알게 되었고, 그렇게 우리 마라나타 58기 특전단, 한 분 한 분 택하셔서 부르신 것을 깨닫는 시간이었다.

또한 어떤 분이 예수 믿는 분에게서 사기를 당하신 이야기를 나누셨는데, 이전에 박사님께서 이 상황에 대해 말씀하신 것이 생각나면서 하나님께서 박사님을 통해 바로 이분의 이야기를 한 것을 알게 되기도 하였다. 돌아가면서 감사를 나누며 함께 엄청 웃고 행복하게 교제하는 축제의 시간이었다.

이후 박사님께서 젤라또 가게에서 아이스크림을 사주신다고 해서 함께 밤길을 떠났다. 하지만 문을 닫은 것을 확인하고 그냥 슈퍼에 들어가 아이스크림을 고르고, 옆 과일 가게에서 수박을 샀다. 아이스크림과 수박을 나누고 들어가 이스라엘에서의 마지막 밤을 보냈다.

6/26

마지막 날 아침이 밝았다. 원래 호텔 조식 시작 전이었는데, 우리를 위해 요리사 분께서 일찍 일어나 준비해 주셔서 든든하게 아침을 먹을 수 있었다. 함께 마지막 기도를 드리고, 우리 짐을 전부 버스에 싣고 공항으로 출발했다.

이날 따라 아침 햇살은 유독 눈부시게 빛이 났다.

하나님이 선택하신 이 땅. 이 거룩한 땅에 우리 마라나타 58기 특전단이 부름을 받고 나아왔다. 하나님은 살아계시고, 이스라엘을 너무나도 사랑하신다. 하나님께서 이 땅에 새 일을 계획하고 계신다. 그리고 그 새 일이 일어나고 있다. 수많은 다툼과 분쟁과 상처가 있는 이 땅 이스라엘. 예수 그리스도를 떠난 대부분의 사람들. 아무리 인간의 생각과 시야로 희망이 없어 보일지라도 하나님께서는 결국 하나님의 일을 행하신다. 우리가 내딛었던 발걸음은, 이 땅에 울려퍼진 우리의 찬양과 기도의 소리는, 이 땅을 거룩하게 흔들었다. Back to Jerusalem. 복음이 시작된 이 땅이 다시 복음화되어 예수님 다시 오실 그날까지 나는 달려갈 것이다.

깰지어다 예루살렘아. 깰지어다 이스라엘아.

미국 10대 감사 제목

1. 성경 말씀 영어로 암송하는 것이 주된 수업 일정으로 이 나이에 영어로 성경 암송하며 귀한 생명의 말씀 외울 수 있는 기회가 되어 감사합니다. 기도할 때 암송한 말씀들이 떠오르는데, 이 말씀을 두고 기도할 수 있게 되고, 또 외운 말씀들을 가

지고 성경이 없더라도 주야로 묵상할 수 있을 것 같아 감사합니다.

2. 사방으로 자작나무들과 숲이 우거져 있어, 너무 아름다운 환경 속에서 아이들과 캠핑이나 피크닉 온 것 처럼 일상과 아침 운동, 숲을 거닐며 하나님과 대자연을 묵상할 수 있음에 감사합니다. 또한 밤마다 밤하늘에 수놓은 듯하게 빼곡한 별들과, 별똥별들을 보며 우주를 창조하신 하나님 앞에 또 나아가는 시간들 감사합니다.

3. 원래는 mp3를 살 계획이 없었는데, 하라가 아빠께 부탁하면서 나도 사게 되었습니다. 이 mp3를 통하여 이동하는 시간과 비는 시간에 찬양을 들으며, 그냥 흘려 보냈을 시간을 찬양의 가사를 묵상하며 또 부르며 더욱 일상에서 하나님을 만나게 되는 시간들 감사합니다. 이를 통해 더 풍성해진 삶에 감사합니다.

4. 아이들과 먹고 자고 하는 일상을 함께 하면서 머리도 잘라주고 수영, 래프팅, 등산 등의 활동도 같이 하면서 서로 더 가족 같아지고 정이 들어 감사합니다. 이 친구들을 통하여서 더 사랑을 배우고, 내 연약함을 더 깨닫고 회개하며, 또 이들을 섬기기를 기쁨으로 그리스도께 하듯 해야지 결단의 시간들 감

사합니다.

  5. 이번 동부 여행에서 가는 곳곳마다 예비하신 영혼들을 만나 함께 교제하고 축복하며 예수님의 사랑을 전하는 시간을 가져 감사합니다. 특히 연장된 동부 여행에서 전도 용지에 복음을 적으며 수많은 이들에게 전도하는 여정되게 하심에 감사합니다. 사실 동부 여행 가는 날 밤 ILI에서 KDC로 돌아가는

벤 안에서 찬양을 들으며 은혜를 받고 성령님께서 복음에 대한 마음을 부어 주셔서 동부 여행 가서 정말 복음이 필요한, '예비된 영혼을 만나도록' 이라는 기도 제목을 가지고 동부 여행을 시작하게 되었는데 그 기도의 응답을 National harbor에서 받았습니다. 많은 사람들을 만나며 전도 용지를 전했지만, 내 이야기를 담고 편지를 적은 전도 용지를 정말 예비하신 사람한테

드려야 할텐데 계속 고민을 했습니다. 하나님께서 누구에게 전해드리길 원하시는지 계속 여쭈며 끝까지 가지고 있다가 마침 어두운 곳에 앉아 담배를 피고 계시던 할머니와 눈이 마주쳤습니다. 드릴지 말지 고민하다가 드려야겠다 해서 드리고 왔는데 하나님께서 그 분을 위해 이 편지를 적게 하시고, 내가 기도했던 그 한 영혼을 만나게 되는 은혜에 감사합니다.

6. 이 목사님의 아들 앤디와 벤지와 친해지며 교제하는 시간, 또 한몸 교회에 초대되어 youth 예배에 참석하고 최우리와 이원주 Korean American 친구들과 친해지는 시간 감사합니다.

7. 흑인 동네에서 해산물 집을 하시는 아주머니를 만나게 되어 너무 맛있는 음식들 대접 받고, 이분의 섬김과 이 흑인 분들을 향한 사랑을 예라와 혜규와 함께 느끼며 많은 은혜를 받고 전도에 대한 마음을 함께 받아 감사합니다.

8. 미국 동부 여정 중 예수 변증 특강을 하시는 고석희 목사님을 만나고 예수님을 변증하는 것에 대한 많은 깨달음과 감동을 받았는데 예라, 혜규와 함께 강의를 듣게 되는 기회가 주어져 상상하지도 못한 엄청난 은혜를 받음에 감사합니다. 내 안에 계시는 예수님을 발견하고, 내 존재 자체를 다시 발견하게 되어 감사합니다. 예수 혁명에 복음을 담지 않으면 이 시대 정신을 뚫고 갈 길이 없다는 말씀을 통해 내가 그저 내 안에서 고민하는 것을 넘어서 정말 혁명을 일으키지 않으면 안 되겠다는 결단하는 시간 감사합니다.

9. ILI로 돌아오고 아이들 사이에서 발생한 수많은 다툼과 비난, 수업 태도의 문제들로 인해 꿈청 친구들이 아이들에게 훈육하는 시간이 주어졌습니다. 그때 속으로 주님, 저를 통해 하고자 하시는 말씀을 해주세요 라는 기도를 드렸습니다. 이후 아이들의 태도로 살짝 험악하게 분위기가 조성되었지만 함께 무릎 꿇고 회개하는 시간을 가져야할 것 같다는 생각에 같이

무릎 꿇고 눈물로 뜨겁게 회개하는 시간을 가졌습니다. 이후 기도가 더 번져 사랑하지 못했던 것을 올려드리며 서로 부둥켜안고 기도하고 싸웠던 친구들끼리 서로 안아주며 눈물로 화해하는 놀라운 성령님의 역사가 있었습니다. 너무 아름답고 기쁜 시간 감사합니다. 이후 달라진 아이들의 모습과 수업 분위기에 너무 감사합니다.

  10. 예수 변증에서 함께 하던 대학생 선배님들을 콜로라도로 보내 주셔서 함께 은혜를 나눌 수 있어 감사합니다.

이집트

12. 10

새벽 6시에 이집트 공항에 도착했다.

해가 막 뜨기 시작하면서 너무 아름다운 풍경으로 나를 마음껏 맞아주던 이집트, 히잡을 쓴 여성들, 여기저기 적혀 있는 아랍어와 가난이 엿보이는 건물들은 나에게 기대와 기쁨을 안겨 주기에 충분했다. 고향에 온 느낌이었다. 친근함이 넘쳤다.

숙소로 이동해 조금 쉬고 바로 일정이 시작되었다.

　선교사님께서 운영하시는 한 농장을 방문했다. 이 농장은 갈 곳 없는 이집트의 크리스천들이 일하고 있는 농장이었다. 농장 곳곳을 돌아다니며 구경했다.

　이후 농장 기도원 앞에서 우리 팀이 함께 손을 잡고 기도하는 시간을 가졌다. 이집트의 놀라운 부흥과 그에 잇따른 중동의 변화를 위한 기도가 농장 한가운데에서 울려 퍼졌다.

기도를 하고 눈을 뜨니 새로운 일이 일어날 것만 같은 생각에 마음이 벅차 올랐다. 이후 이동하는데 모래바닥에 앞 분의 발자국이 찍히는 것이 보였다. 그러면서 우리가 찍고 있는 발자국이 남아 있는 것처럼 우리가 떠나더라도 우리의 기도가 이곳에 새겨진다는 생각이 들었다. 우리가 떠나, 이곳에서 기도를 했다는 기억조차 잊더라도 이 땅이 우리의 기도를 새기고, 하나님께서 이 땅에서 드려졌던 기도를 기억하신다는, 또 반드시 이루실 것이라는 마음을 받았다.

그러면서 내가 이곳에 온 이유가 기도의 씨를 뿌리기 위해서구나 라는 생각이 들었다. 하지만 놀랍게 이것은 은혜의 시작에 불과했고, 하나님께서는 이번 일정 동안 내 안에서도 정말 놀라운 일들을 행해 주셨다.

농장에서 일하는 한 현지 형제의 간증을 듣게 되었다. 이 형제는 mbb.(현지에서 이 용어를 선교사님들 사이에서 자주 사용하셨다.) muslim background believer, 즉 무슬림이었다가 크리스천으로 회심한 분이셨다. 이 형제님의 간증은 이러했다.

원래 어느 빌라에서 일을 하던 정원사셨는데, 그 빌라 안에 마태복음 쪽복음을 읽게 되었다. 그렇게 형제님은 성경이 꾸란이랑 너무 다른 옳은 말을 하는 것 같다는 생각이 들었다. 꾸란에 대한 그의 질문은 시작되고, 주변인들에게도 이를 나누기 시작하지만 아무도 설명하지 못하고 도리어 그런 것을 왜 묻느냐는 식이었다. 그러다 기독교인을 만나게 되고 믿음이 싹트기 시작하며 삶이 바뀌었다고 고백하셨다. 하지만 그의 변화된 모습들은 주변인들에게 의심을 받기 시작했고, 가족들은 그 빌라에 가지 말라고 화를 냈다. 하지만 그는 그럴 수 없다고 끝까지 믿음을 고집해 결국 집에서 쫓겨나게 되었다고 한다. 그렇게 지금은 이 농장에서 주님과 함께 행복하게 지내고 있다고 하셨다.

간증을 들으며 말씀으로 역사하시는 하나님의 놀라우신 살아계심이 다가왔다. 정말 참 진리이신 말씀에 능력이 있다는 것이 가슴 깊이 다가오는 것이었다.

내가 다 알지 못하지만 이 땅에서 하나님의 일들이 계속해서 일어나고 있을 것이라는 생각이 들면서 하나님께서는 지금도 끊임없이 수많은 이들을 진리 가운데 인도하고 계신다는 것을 깨달아 깊은 감동을 받았다.

우리 하나님… 참 살아계시고 선하신 하나님… 주의 이름이 어찌 그리 아름다우신지요… 같이 일정을 동행했던 한 형제분의 간증이 끝나고 질문을 했다.

너는 예수를 너의 구원자로 받아들이느냐?

"처음과 끝 되시고 나의 구원자 되신다." 그 형제의 고백이었다. 우리 하나님을 알게 되면 모든 이들의 입에서 나올 바로 그 고백이다.

떠나기 전 다들 그 형제를 위해 기도해 주고, 격려해 주고, 안아 주고, 악수하고, 당신은 결코 혼자가 아니다, 라고 해드렸다. 그 형제는 눈물을 보였다. 우리의 방문이 큰 힘이 됐는지 그 분은 우리가 멀리멀리 떠날 때까지 미소를 머금은 채로 우리에게서 눈을 떼시지 않았다.

이후 농장 한 정자 아래 둘러앉아 아름다운 산들바람과 햇살 속에서 하나님께 감사를 올려드리는 시간을 가졌다. 이때 선교사님들께 현재 진행하고 계시는 다양한 사역들에 대한 이야기를 듣는 기회가 있었다.

mbb(muslim background believer)분들이 한 달에 한 번 모여서 예배를 드리는 은혜의 자리, 가자 지역 피난민들 사역, 또 준비 중인 가자 지역으로 보낼 이집트 현지 전도단들에 대한 이야기였다. 하나님께서 이들을 통해 하나님이 계획하신 일들을 행해가시는구나.

선교사님들께서 이 땅에서 하시는 사역들과 현지인들과 아랍어로 소통하시는 모습이 너무 멋져 보인다. 이 땅에서 이들과 함께 먹고 마시고 살며 이들과 같이 되어 하나님의 일을 순종하여 감당하시는 그 사랑이 참 아름답다. 이것이 내 소명이라는 것이 확실해진다.

12. 11

수단 난민학교를 방문했다. 아침에 박사님이랑 주권능 님과 함께 출발했다. 밖에서 보면 전혀 학교라고 예상하지 못할 만한 문을 지나 계단을 올라가니 그 건물 전체가 학교였다. 초등학교부터 고등학교까지 건물 곳곳마다 아이들로 교실이 꽉 차 있었다. 각 교실마다 수단 선생님들이 계셨다.

치과 의사 부부 선교사님이 세우시고 운영하시는 학교였는데 두 분은 참 사랑이 많으시고 아이들처럼 순수하고 밝으신 분들이셨다. 신기하게도 딱 오늘 아이들에게 말씀과 찬양 사역을 하시려 LA에 사시는 한국 부부 선교사님께서도 이 학교를 방문하셨다. 박사님께서 선교사님들과 이야기를 나누시고, 내가 영어로 간증할 시간을 마련해 주시라고 전하신 후 다른 곳에 가보셔야 해서 급히 자리를 떠나셨다. 주권능 님도 박사님을 수행하러 가셨다. 나 혼자 남게 되었다.

그렇게 시작된 난민학교에서의 하루.

이집트는 수단 인접 국가 중 가장 많은 수단 난민을 수용하고 있는 상황이라고 하셨다. 각 교실을 돌아다니며 애들 만나고 인사하는 시간을 가졌다. 당돌하게 다가오던 아이들도 있었고, 수줍고 귀여운 미소를 지으며 그냥 바라만 보던 아이들도 있었다. 아이들은 역시나 참 예뻤다.

이 밝은 아이들이 처음 학교에 올 때까지만 해도 다들 상처 때문에 마음의 문을 열지 못하고 아무런 감정도 표현하지 못했다고 한다. 역시 사랑의 힘이라는 생각이 들었다. 아이들이 아침에 등교해 처음으로 하는 것은 구호를 외치고 찬양을 릴레이로 부르고 말씀 암송을 하는 것이었다. 하나같이 다들 우렁찬 목소리로 외치던 모습이 굉장히 인상적이었다.

마지막에 이들이 반복해서 외치던 구호가 있다.

"We are the history makers. We will change the nation and change the world."

이들이 이 고백의 의미를 알까. 알든 알지 못하든 아이들의 입에서 나오던 그 찬양과 말씀과 선포의 고백들이 너무 아름다웠다. 참 내가 세운 학교도 아닌데 왠지 뿌듯했다. 또 너무 감사했다.

교무실로 돌아와 선교사님들에게 더 상세한 이야기를 듣고 점심으로 직접 싸 오신 귀한 도시락을 먹었다. 흰쌀밥과 김, 오이, 계란 그리고 본죽에서 받으신 물에 타 먹는 가루죽을 먹었다. 소소하지만 참 맛있었다.

점심 시간 이후 예배 드리는 시간이 되었다. 아이들은 한 공간에 쭉 모여 앉았다. 아이들은 늘 부르던 찬양을 부르고 말씀을 암송했다. 이제 내가 간증해야 하는 시간이었다. 영어 간증이었고 준비가 되어 있지 않아 불안했는데 어지저찌 내가 하고 싶은 말은 다 전달했다. 나를 사랑으로 만나 주셔서 변화시키신 하나님. 그렇게 내가 받은 하나님의 사랑을 전하기 위해 이곳까지 왔다고 했다. 너희들도 먼저 이 사랑을 알게 되었으니 이 사랑을 다른 이들에게 전해야 한다고 말해주었다.

내 간증이 끝나고 LA 부부선교사님들도 짧게 말씀을 전하셨다. 그렇게 그 세 메시지가 하나의 복음을 잘 완성했다. 안도감과 뿌듯함이 맴돌았다.

다음은 LA 선교사님 부부께서 준비하신 찬양 수업을 나도 참여해서 돕게 되었다. 교실마다 방문해 이 찬양을 가르쳐주고 함께 부르고 적을 수 있게 도와줬다. 아이들이 참 열정적이게 수업에 잘 참여해줬다.

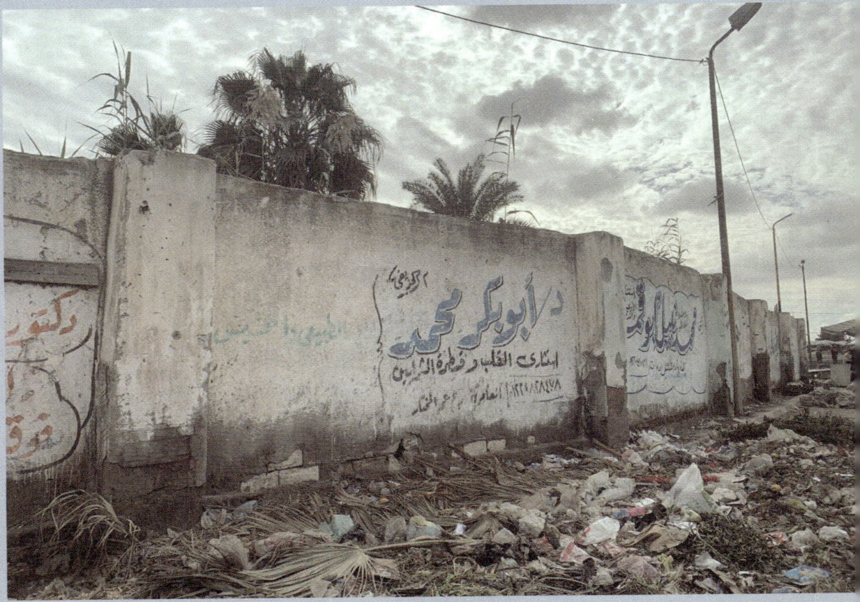
د/ أبو بكر محمد
استشاري القلب و قسطرة الشرايين

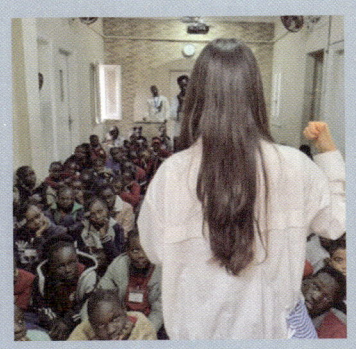

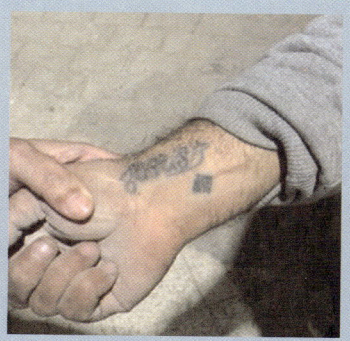

찬양은 'LIving Hope'라는 찬양이었는데 우크렐레에 맞춰 찬양하는 아이들이 너무 사랑스러웠다.

다음은 찬양 가사 중 일부이다.

"할렐루야 나를 자유케하신 분을 찬양합니다. 할렐루야 죽음이 날 사로잡지 못했습니다. 당신은 모든 사슬을 끊으셨고, 그 이름에 구원이 있습니다. 예수 그리스도 나의 산 소망."

분쟁 지역에서 피난 온 아이들의 이 고백을 듣는데 정말 우리 주님께서 이들을 자유케 하셨구나. 이들을 묶고 있는 죽음의 모든 사슬이 끊겼구나. 그렇게 구원을 얻었구나. 주님께 너무 감사했다. 감사와 행복의 눈물로 눈시울이 붉어졌다.

아이들과 함께 우리 하나님을 찬양하는데 이렇게 행복할 수가 없었다. 이렇게 사는 게 내 삶의 이유구나. 이렇게 살고 싶다. 이렇게 살아야겠다. 속으로 되뇌였다.

너무도 감사한 시간들을 보내고 이제는 학교가 끝나는 시간이 되었다. 하나둘 아이들이 떠나갈 때 한 교실에서 남은 아이들과 시간을 보냈다. 선교사님께서 기타를 치면 좋을 것 같다고 기타를 칠 수 있냐고 물어보셨다. 조금 칠 수 있다고 말씀드렸다. 사실 가장 기본적인 코드 몇 개만 아는 것이어서 내심 걱정을 했다. 기타를 빌리고 선교사님이 쓰시던 악보도 빌렸다.

제발 내가 아는 코드의 곡들이 있기를 바랬는데 딱 오늘 배운 곡이 내가 다 아는 코드였다. (어려운 F코드를 옛날에 연습한 적이 있어서 칠 수 있었는데 그 곡이 기본적인 코드와 F코드로 이루어진 곡이었다.)

할렐루야!! 를 외치며 돌아와 기타를 치며 아이들과 찬양을 했다. 하나님께서 딱 필요할 때 나를 도와주신 것 같다는 생각을 했다. 그렇게 찬양을 하다보니 어느새 아이들은 거의 다 떠났다. 한 여자아이만 빼고 말이다. 어머니가 데리러 오셔야 하는데 아직 오시지 않았다. 그래서 나랑 그 아이, 둘이 시간을 보내게 되었다.

내가 칠 줄 아는 영어 찬양 'How Great is Our God'를 가사를 찾아 가르쳐주고 함께 부른 후 시간이 남아서 함께 사진 앱으로 필터 사진을 찍으면서 놀았다. 아이는 신기해하고 재밌어했다. 한없이 즐거웠다. 그렇게 시간 가는 줄 모르게 놀다보니 어느새 이 아이의 어머니도 오셨다.

아이와 인사를 하고, 수단 선생님들께서 윗층에서 하시던 예배와 나눔 모임에 참여하게 되었다. 올라가보니 돌아가면서 자신의 삶에 대한 이야기와 자신이 만난 하나님, 혹은 고민 같은 것들을 돌아가면서 나누는 시간이었다.

수단에서 오신 선생님들의 이야기를 듣는데 너무 은혜로웠다. 태어난 곳이 다르고 생김새도 다른데 하늘 아버지의 자녀들로 한 가족이라는 것, 함께 예수님의 다시오심을 바라보고 있다는 사실이 한없이 기쁘고 가슴이 벅차올랐다. 그래서 내 순서가 왔을 때 이 마음을 나누었다. 우리 예수님 다시 오실텐데 함께 주님의 다시 오심을 기다리는 것이 너무 기쁘다고. 다들 내 말에 호응해주셨다. 왠지 이번에는 영어가 더 유창하게 나온 것 같아 또 기뻤다.

　말씀은 LA 선교사님께서 전해 주셨다. 말씀도 참 좋았다. 말씀 중 기억에 남는 것은 영생이 지금부터 시작된다는 것이었다. 우리가 우리의 삶을 예수님께 헌신한다면 영생은 현재의 상태가 되고 그렇게 계속적으로 지속된다는 말씀이었다. 또 크리스천으로 살아가는 것에 대해 설명해 주셨다. 십자가의, 고난의 길에 대한 설명을 하셨다. 참 감사할 뿐이었다.

　수단 선생님들께서 선교사님께 질문을 하시는 시간도 가졌다. 많은 선생님들께서 질문을 하셨다. 하나님 안에서 많은 생각과 고민을 하고 있다는 것을 알 수 있었다. 그렇게 모임이 은혜 안에서 끝이 나고 저녁이 되었다. 박사님께서 선교사님들과 우리 팀과 함께 한식 저녁을 먹자고 하셔서 이미 배달되어 온 치킨은 한 조각만 먹었다. 함께 웃으시며 치킨을 나누시는 수단 선생님들의 행복한 모습이 참 보기 좋았던 것이 기억에 남는다. 그렇게 우리 팀과 선교사님들과 근처 '아리랑'이라는 식당에서 식사 교제를 하였다.

그 후 팔복 선교사님 (아이들이 8명이어서 붙여진 수식어) 댁에 아이스크림을 사들고 방문해 감사 나눔을 했다. 그렇게 하루가 끝이 났다.

12. 12

아침에 다시 수단 난민 학교를 방문해 미디어팀이 촬영을 하시고 마지막으로 아이들과 인사를 하고 나왔다. 많은 아이들이 있었는데 한 명도 그냥 지나치기 아쉬워 교실마다 돌아다니며 최선을 다해 한 명, 한 명의 얼굴을 바라보았다. 그러면서 속으로 축복해주었다.

이렇게 떠나는 것이 실감이 나지 않았다. 홀가분하기도 하고 아쉽기도 했다. 진짜 말 그대로 떠난다는 것이 실감이 나지 않았던 것 같다. 왠지 다시 볼 수 있을 것이라는 믿음이 있었던 것도 같다.

새로운 선교사님을 만나 콥틱 교회로 이동했다. 설명을 듣고, 이후에 맛있는 해산물 점심을 먹었다.

윤학렬 감독님과 함께 차를 탔는데, 이동하는 내내 기록하고 감사 고백을 올려드리시며 계속 기도하시던 모습을 볼 수 있었다. 그것을 보며 나도 저렇게 살아야지 생각하며 참 많이 배우는 감사한 시간이었다.

그리고 또 어디론가 이동하는 차에 몸을 맡기고 떠나고 있을 때였다. 잠을 자고 정신이 드니 아브라함 선교사님의 말씀을 들을 수 있었다. 현지인들의 습성, 아내 분을 만나게 된 이야기 등 다양한 이야기를 해주셨다. 참 재미있고 온유하신 분이셨다. 또 아내 분을 정말 사랑하시는 것도 느낄 수 있었다. 그러다가 선교사로 하나님께서 어떻게 부르셨는지를 처음부터 설명해 주시기 시작하셨다.

원래 한국에서 회사를 잘 다니시고 계셨고 또 직장, 지하철 등에서 전도도 하시면서 신앙생활도 잘하고 계셨는데 어느날 하나님께서 너에게 중요한 것을 다 버릴 수 있겠느냐고 여쭤보셨다고 하셨다. 아들, 일자리, 집 등이 생각나셨다고 하셨다. 그리고 주시던 말씀에 순종하며 오다 보니 이곳까지 오게되었다고 하셨다. 말씀에 그대로 순종하니까 모든 것을 예비하시고 일하신다는 이야기를 하셨다.

지금은 한의사 일을 하신다고 하셨는데, 한의사가 되신 과정도 참 기적적이고 하나님의 인도하심이었다 고백할 수 밖에 없는 이야기들이었다.

한 간증이 기억에 남는다.

22세의 한 번도 앉지도 눕지도 못할 정도로 아픈 병이 있던 청년이 교회에 찾아왔다. 선교사님께서도 처음보는 사례였다고 하셨다. 하지만 그 순간 말씀하셨다. "내가 기도하면 나을 것인데 이것을 낫게 해주시는 분은 저기 십자가에 달리신 분이시다. 이분은 너의 죄를 위해서도 십자가에 달리셨다." 그렇게 믿음의 선포를 하셨다. 그 후 기도하고 그 사람을 봤는데 침 놓을 곳을 하늘에서 손가락이 내려와서 알려 주셨다고 하셨다. 그리고 침을 놓고 누웠다 다시 일어나 봐라 하니 완전히 낫는 기적이 일어났다고 하셨다. 그 청년은 계속 눈물을 흘리고 결국 예수님을 영접했다고 하셨다. 하나님께서 자신의 영광을 드러내시고 복음을 전하기 위해서 우리가 생각하지 못하는 놀라운 일들을 행하신 것이라고 하셨다.

어떤 마을에는 오물을 뒤집어 쓰고 침 뱉음을 당하셔도, 돌 던짐을 당해도 순종함으로 들어가셨다고 하셨다. 그 때 한 마을이 변하던 기적들에 대해서도 말씀하셨다.

그러한 이야기를 들으며 하나님께서 가라고 어떻게 말씀해 주시느냐고 여쭤보니 하나님께서 마음을 주시고 알아보게 하신다고 하셨다. 생전 처음보는 곳으로 보내시기도 하시고 저 사람에게 나아가라 말씀 하시기도 하신다고 하셨다. 그러면서 계속 하시던 말씀은 자신은 너무 행복한 선교사의 삶을 살고 있으시다는 것이었다.

하나님과 피부와 피부로 맞닿아 살아간다는 게 얼마나 행복한지 모르겠다고 하시는 말씀을 들으며 놀라운 비밀을 깨달은 것처럼 난 가슴이 뛰었다. 이거구나. 나도 내 아버지와 피부와 피부로 맞닿아 그 분의 숨결을 느낄 수 있는 삶을 살고 싶다는

열망이 나를 가득 채웠다. 나도 선교사의 삶을 살고 싶다는 생각에 사로잡혔다.

이 분께서 하시는 모든 말씀 하나 하나 너무 아름답고 또 귀하게 느껴졌다. 나도 꼭 이런 사람이 되고 싶다고, 또한 꼭 이런 사람과 결혼하고 싶다고 하나님께 짧게 기도했다.

그렇게 차를 타고 도착한 곳은 쓰레기 마을이라는 곳이었다. 도착했을 때는 이미 어둑어둑해진 저녁쯤이었다.

이 쓰레기 마을은 기독교인들이 모여서 산다고 하셨다. 사람이 참 많았고, 마을에는 없는 것이 없어 보였다. 음식점, 상점들… 등 이 안에서 돌아가는 사회가 있는 것 같았다. 또한 집안 여기저기, 거리 여기저기에 쌓여있는 가득한 쓰레기들은 온 마을을 덮고 있었다. 우리 앞 뒤의 차들도 다 쓰레기를 싣고 있었다.

이 마을에서는 매일같이 2천만 카이로 시민이 내다 버리는 쓰레기들을 모아 이를 분류해서 살아간다고 한다. 차 안에 있었음에도 밖에서 비집고 들어오는 쓰레기 냄새가 풍겼다. 이들의 어려운 생활고를 바로 옆에서 보며 느낄 수 있었다.

이집트 기독교인들은 믿음의 결단에 따라 사회에서 처참한 차별과 박해를 받는다고 한다. 이들은 1300여 년의 긴 시간 동안 그들의 신앙 정체성을 지키기 위해 많은 노력들을 했다고 한다.

콥틱 교회의 믿음의 전통 중 아이가 태어나면 부모가 2주안에 손목 안쪽에 십자가 문신을 새겨 주어 아이가 성장하면서 기독교인의 신분을 절대 포기하지 않도록 한다고 한다. 어려움 속에서도 이들은 그 유래를 찾아보기 힘들 정도로 믿음의 뿌리를 지켜왔다는 것이다.

쓰레기 마을을 가로질러 올라오니 갑자기 도로와 그 주변이 깔끔해졌다. 큰 암벽이 보였다. 거대한 돌산을 깎아놓은 동굴 교회였다. 우리 모두 차에서 내려 교회를 둘러보았다. 2만여 명이 수용가능한 어마어마한 규모였다.

교회에 그림이 걸려 있었는데 그 그림이 담고 있던 이야기는 다음과 같다.

어느 이슬람 시대의 술탄이 성경에 겨자씨만한 믿음만 있다면 산을 옮길 수도 있다고 하지 않았냐? 며 자신의 궁전 뒤의 산을 일주일 안에 옮기기를 명령하였다.(진실로 너희에게 이르노니 너희가 만일 믿음이 한 겨자씨만큼만 있으면 이 산을 명하여 여기서 저기로 옮기라 하여도 옮길 것이요 또 너희가 못할 것이 없으리라. 마17:20) 만일 옮기지 못한다면 모든 콥심 또한 느껴졌다. 이후로도 이스라엘과 가자지구를 위해 지속적으로 기도하고 있다.

마지막으로 기억에 남는 곳은 예루살렘이 내려다보이는 "기도의 집"이다. 이곳은 BSH 컨퍼런스 후 방문했는데, 황금돔과 예루살렘 전경을 한눈에 볼 수 있는 장엄한 장소였다.

우리는 찬양을 드리고, 기도의 집을 운영하시는 부부와 주 찬양 님의 간증을 들었다. 이후 예루살렘을 내려다보며 간절히 기도하는 시간을 가졌다. 이스라엘의 아픔과 하마스 전쟁으로 고통받는 영혼들을 위해 뜨겁게 기도하며, 이 땅을 향한 하나님의 사랑을 깊이 체험할 수 있었다.

이스라엘 여정 중 가장 특별했던 것은 방문했던 장소뿐만 아니라 그곳에서 만난 영혼들이었다. 특히 숙소에서 만난 한 요리사가 기억에 남는다. 그는 우리에게 매우 친절했지만 복음을 전할 기회가 없었다. 다행히 며칠 뒤 우연히 다시 그 숙소에 머물게 되어, 그 요리사와 재회했다. 이번에는 친구들과 함께 축복 찬양을 불러주고 기도할 수 있었다. 기도 중 눈물이 흘렀고, 하나님께서 그에게 주신 사랑을 나눌 수 있음을 감사했다.

이번 이스라엘 선교는 단순한 성지 순례를 넘어, 나의 믿음을 새롭게 하고, 열방을 향한 하나님의 마음을 느끼게 해준 여게 다가왔다. 이후 가자 지구가 내려다보이는 곳에서 함께 찬양하고 간절히 기도했다. 강렬한 햇빛 아래에서 찬양하는 동안, 갑작스러운 강한 바람이 불어와 하나님의 임재하심을 느꼈다.

기도가 끝난 후, 그곳에 배치된 군인과 짧은 대화를 나눴다. 그는 하마스의 공격과 이스라엘의 아픔을 이야기하며 분노와 슬픔을 토로했다. 이전까지는 책과 뉴스를 통해서만 전쟁의 참상을 접했기에, 그것이 내 삶과는 멀리 떨어진 일처럼 느껴졌었다. 하지만 그곳에 직접 발을 딛고 기도하며, 현지인의 이야기를 들으니 전쟁의 현실이 마음에 와닿았고, 하나님의 애통하

을 새롭게 했다.

두 번째로 인상 깊었던 곳은 히스기야 터널이다. 이 터널은 히스기야 왕이 앗시리아 제국의 침공을 대비해 물을 성벽 안으로 끌어들이기 위해 만든 물길이다. 히스기야 터널에 들어가기 전, 예루살렘 성벽을 걸으며 이미 지칠 대로 지쳐 있었기에, 시원한 터널 안이 기대되었다. 좁고 어두운 입구가 약간 무섭기도 했지만, 터널 내부는 시원하고 쾌적했다.

걷는 내내 "만약 이 터널이 무너지면 어쩌지?"라는 엉뚱한 걱정도 들었지만, 박화목 선교사님께서 기타로 찬양을 이끌어 주셔서 30분 정도의 터널 통과 시간이 유쾌하고 은혜로웠다. 터널 끝에 다다르니 빛이 보이기 시작했고, 실로암 연못이 모습을 드러냈다. 그곳에서 실로암 찬양을 부르며 주님의 보호하심을 다시 한 번 깊이 체험했다.

세 번째로 기억에 남는 곳은 가자 지구 국경 주변이다. 이곳은 몇 달 전 하마스의 공격이 있었던 지역으로, BSH 컨퍼런스 중 잠시 방문했다. 우리가 도착했을 때, 이미 이스라엘 청년들이 모여 기도하고 있었다. 우리는 그들에게 축복의 노래를 불러 주었고, 그들은 우리에게 자신들만의 축복 노래로 응답해 주었다. 예상치 못한 축복의 교환은 마음 깊은 곳까지 따뜻하

에, 아직 주님과의 깊은 만남을 체험하지 못한 내게는 약간의 부담감이 있었다. 하지만 "언제 다시 요단강에서 세례를 받을 기회가 있겠는가?"라는 생각이 마음을 움직였다. 결국 세례를 받기로 결심했고, 내 인생 첫 세례를 요단강에서 받는 은혜를 누렸다. 세례 후, 새 사람이 되었음을 느꼈고, 그에 따른 거룩한 책임감을 안고 살아가야겠다고 다짐했다. 요단강에서 받은 세례의 순간을 평생 기억하며, 성결한 삶을 살아가겠다는 결심

김혜규 205

여정을 걷는 것 같았다. 수많은 장소를 방문했지만, 그중에서도 특별히 감동을 준 네 곳을 소개하고자 한다.

첫번째로 기억에 남는 곳은 요단강 세례 터다. 이곳은 예수님께서 세례 요한에게 세례를 받으셨던 성지로, 세례를 받을 수 있는 특별한 기회가 주어졌다. 사실 세례를 받을지 말지 고민이 많았다. 세례는 주님을 온전히 영접했다는 고백이기 때문

내가 부족하고 연약하다는 사실을 더 깊이 깨달았지만, 동시에 나 같은 사람도 주님의 도구로 사용될 수 있음을 배웠다. 이번 여정에서 만난 인도 영혼들, 특히 다음 세대에 대한 주님의 크신 비전을 보며, 그들을 위해 계속해서 기도하겠다는 다짐을 하게 되었다.

하나님께서 인도 땅에 부흥의 불길을 더욱 크게 일으키시고, 그곳의 영혼들을 통해 하나님의 나라를 확장하실 것을 믿으며 이 글을 마친다.

이스라엘

5일간의 인도 여정을 마친 후 곧바로 이스라엘로 향했다. 인도에서의 일정이 체력적으로나 정신적으로 꽤 지쳤기 때문에, 이스라엘에서의 여정을 잘 소화할 수 있을지 걱정이 앞섰다. 하지만 놀랍게도 이스라엘에서의 첫인상은 기대 이상이었다. 깨끗하고 시원하며 아름다웠던 이스라엘은, 인도와는 전혀 다른 분위기로 다가왔다. 물론 일정은 매우 빡빡했지만, 신기하게도 이스라엘에서는 회복되는 느낌을 받았다. 마치 치유의

가 사람들의 모습이었다. 노숙자들과 구걸하는 아이들, 그리고 극심한 빈부 격차는 내가 상상했던 것보다 훨씬 심각했다. 슬럼가에서 사역할 때는 숨이 턱 막힐 정도로 더운 날씨와 습한 공기가 나를 압도했다. 그곳의 사람들은 한 집에 다닥다닥 붙어 반지하 공간에서 생활하고 있었다. 이미 고된 하루하루를 살아가는 그들이 하나님을 모른다면, 육체적 고통뿐 아니라 영원한 고통도 겪어야 할 것이라는 사실이 너무나 안타까웠다. 그들의 삶은 나에게 잊을 수 없는 충격으로 다가왔다.

비록 내가 그들에게 복음을 직접 전하지는 못했지만, 그들을 위해 간절히 기도하겠다는 마음을 품게 되었다. 길거리 아이들, 슬럼가에서 만난 영혼들, 또 여기서 자세히 얘기하지는 못하지만 여자 노동자들의 일터에서 만난 영혼들을 주님께서 기억하시고 그들에게도 소망을 주시기를 기도하며 그 땅을 떠났다.

인도 선교는 육체적으로나 정신적으로 한계에 부딪힌 여정이었다. 하지만 그 힘든 과정을 통해 나는 주님께 한 발짝 더 가까워질 수 있었다. 무엇보다도 이번 선교는 많은 영혼들과 직접 교제하며 그들의 삶 속에서 역사하시는 하나님의 손길을 보게 한 귀한 시간이었다.

세 번째는 집회에서 만난 영혼들이다. 다라비 교회에서 열린 집회는 정말 많은 사람들이 참여해 인도의 부흥이 실제로 일어나고 있음을 실감하게 했다. 함께 예배드리며 간절히 기도했고, 마지막 날에는 몸이 좋지 않아 자리에 앉아 있었지만, 예배에 참석한 영혼들과 IDS 학생들이 주님 안에서 하나 되어가는 모습을 지켜보며 큰 감동을 받았다. 특히 어린아이들이 마지막 인사로 다가와 밝게 웃던 모습은 지금도 선명히 기억에 남는다.

마지막으로 잊을 수 없는 영혼은 바로 거리에서 만난 이들이다. 인도에서 가장 충격적이었던 것은 길거리 아이들과 슬럼

김혜규 201

지만, 그 아이들에게 주님의 사랑이 전해지길 기도하며 헤어졌다.

두 번째는 장애인 시설의 영혼들이다. 장애인을 위한 시설에서는 다양한 장애를 가진 아이들을 만났다. 그곳에는 크리켓 국가 대표도 있었고, 바둑 천재도 있었다. 그들을 통해 하나님께서 약하고 작은 자들을 얼마나 귀하게 사용하시는지 다시금 깨달았다. 70%가 청각 장애를 가진 아이들이었지만, 우리는 그들과 함께 웃으며 찬양했다. 지친 몸을 이끌고도 최선을 다했던 이 시간은, 그들을 향한 하나님의 소망을 느끼게 한 귀한 순간이었다.

하는 숨 막히는 더위와 육체적 피로는 물론, 심한 영적 전쟁까지 더해졌다. 나를 짓누르던 부정적인 생각들은 인도 내내 나를 괴롭혔다. "왜 이곳에 왔을까?" "이 고생이 무슨 의미가 있을까?"라는 생각이 끊임없이 떠올랐다. 심지어 몸까지 아프면서 스스로를 돌아볼 여유조차 잃어갔다. 그러나 이 모든 혼란 속에서, 주님은 내가 만난 영혼들을 통해 나를 깨우셨다. 지금의 모든 어려움과 상황을 이 땅의 영혼들을 볼 때 잠시 잊게 해주셨던 것 같다. 인도 여정 중 만나 나를 깨워 주었던 그 영혼들을 이 글에서 나누고 싶다.

첫번째는 탈레가온 학교에서 만난 영혼들이다. 탈레가온 학교는 길거리에서 버려진 아이들을 데려와 씻기고, 먹이고, 교육하는 기관이었다. 아이들을 처음 만났을 때 그들의 눈에는 낯설음이 가득했다. 그러나 IDS 학생들과 함께 신나게 찬양하며 춤추자 아이들도 점차 마음을 열고 따라왔다. 더운 날씨 속에서 땀이 비 오듯 쏟아졌지만, 멈추지 않고 찬양을 이어갔다. 찬양을 한 후 아이들과 함께 인도와 한국 국기를 그리며 교제했다. 서툴지만 열심히 그리는 아이들의 모습을 보며 하나님 안에서 큰 꿈을 품고 살아가길 간절히 바랐다. 짧은 시간이었

인도

"Billion Soul Harvest"라는 이름 아래 이루어진 인도-이스라엘 선교 특전단. 이 거창한 주제를 마주했을 때 나는 솔직히 부담스럽고 어색한 마음이 앞섰다. 물론, 그 안에 담긴 하나님의 비전은 귀하고 놀라운 것이었다. 하지만 아직 그것이 나의 비전으로 와닿지는 않았다. 사실 나는 내 스스로 구원받았다는 확신조차도 명확하지 않았다. 준비가 되지 않은 내가 어떻게 주님의 사역을 감당할 수 있을까? 이러한 고민 속에서 선교에 참여하기까지 많은 갈등이 있었다.

선교를 앞두고 여러 걱정이 꼬리에 꼬리를 물었다. 마음이 준비되지 않은 내가 과연 그 땅에서 최선을 다할 수 있을까? 차라리 이 시간을 공부에 투자하는 것이 나에게 더 유익하지 않을까? 불안과 의문이 쌓여가는 가운데, 결국 기도하기로 마음먹었다. 내가 어느 길로 가야할지, 주님께서 가장 선한 길로 인도해 달라고 간절히 구했다. 그렇게 기도 끝에 주님은 나를 이번 선교에 참여하도록 이끄셨고, 나는 "주님의 뜻이라면 최선을 다해보자"고 다짐하며 길을 떠났다.

하지만 인도의 첫날부터 모든 것이 쉽지 않았다. 처음 경험

순수한 기쁨으로 주님께 진정한 감사를

조이 김혜규

박해 때 죽음이 다가왔을 때도 부르던 것임을 알게 되었다. 이 것을 알게 되니 더 은혜가 되었다.

예배당을 나오며 이집트에서 하나님이 놀라운 일을 행하셨다고 아브라함 선교사님께 말씀드렸다. 그랬더니

"추수할 때가 이른 것 같아요. 나같이 부족한 사람도 보내시는 것 보세요. 하나님이 얼마나 급하셨으면…"이라고 하셨다.

하나님께서 계속 내 마음을 계속 찌르시는 것을 느꼈다.

"나도…"라는 말을 내 자신에게 많이 던지게 된 일정이었다.

"나도… 저들처럼… 나도 저분처럼…"

선교사님을 통해서 또 콥틱 교인들의 믿음을 통해서 내 사명을 확실하게 할 수 있었다.

나는 살아계신 예수님의 놀라우신 이름을 드러내며 살 것이다. 어떠한 핍박과 고난 속에서도 굳건히 예수님만을 붙잡을 것이다.

이때 주셨던 말씀을 나는 평생을 붙잡으며 그렇게 살 것이다.

틱 교인들을 죽이겠다고 하였다.

그렇게 모든 콥틱 교인들과 함께 3일의 금식기도를 한 후, 그 산이 움직일 것을 명령했더니 실제로 산이 들려버린 것이다. 결국 이슬람의 술탄은 콥틱 교인들의 신앙을 막는 것에 실패하였고, 사람들은 그 산이 걸어서 움직였다고 모까땀이라고 이름을 붙였다고 하셨다. 이 지역 이름이 모까땀이다. 참 놀라웠다. 하나님께서 이집트에서 정말 많은 기적을 보이시는 것 같다.

옆 예배당에서 예배 중이어서 들어가 보았다.

찬양 소리가 흘러나오는 곳으로 다가가니 점점 소리가 커졌다. 예배당에 들어갔을 때는 공간 전체를 가득 메우는 찬양을 들을 수 있었다. 또한 꽤 많은 사람들이 예배당에 모여 있었다.

이들이 하나님의 이름으로 이곳에 모였다는 사실에 대한 감격과 감사로 벅차 올라 눈물이 고였다. 이들이 찬양하는 소리를 들으며 감사 기도를 올려드렸다. 또한 들어가니 딱 보이던 문구가 있었다. 'Amen, Come Lord Jesus'라는 문구였다. 예수님의 다시오심을 고대하는 이집트인들이 있다는 것에 참 감사해 사진으로 남겨놨다.

나중에 알고보니 이 문구는 초기 기독교인들이 견뎌야 했던 정이었다. 성경 속 이야기로만 접했던 장소들을 직접 방문하며 하나님의 역사를 생생히 체험했고, 나의 기도가 어떻게 열방을 위한 도구가 될 수 있는지를 깨달았다. 이스라엘 땅의 회복과 부흥을 소망하며, 이곳에서 받은 은혜를 잊지 않고 기도로 이어가길 다짐한다.

미국

인도와 이스라엘에서 강행군을 마친 뒤, 미국에서의 일정은 비교적 여유로웠다. 이런 변화는 나에게 육체적, 정신적 쉼을 제공해 주었지만, 내 마음에는 여전히 불평이 자리잡고 있었다. 왕복 두 시간의 등하교 시간은 나의 소중한 취침 시간과 공부 시간을 갉아먹는 것처럼 느껴졌고, 영어 수업에서 기본 회화 문장을 배우는 것이 나의 수준과 맞지 않아 지루하게 느껴졌다. 또 갑작스럽게 주어진 영어 성경 암송 과제도 부담으로 다가왔다.

물론 감사할 일도 많았고 그런 상황에서 기쁨을 누리려 노력했지만, 내 관심이 주로 지적 성장에 집중되어 있었기 때문에 불만을 내려놓는 것은 쉽지 않았다. 그런 마음을 안고 동부 트립이 다가왔다. 동부 트립은 나의 버킷 리스트 중 하나였던 뉴욕 방문을 포함하고 있었기에, 여행에 대한 기대감으로 가득 차 있었다. 솔직히 말하면, 나는 주로 관광과 여가를 즐길 생각으로 동부에 갔지만, 주님께서는 나의 생각을 뛰어넘는 은혜와 축복을 허락하셨다.

동부 일정 중 가장 인상적이었던 곳은 '예수서원'이었다. 그곳에서 고 목사님의 간증을 들으며 예수 변증과 철학적 접근으로 신앙을 배우는 것에 흥미를 느꼈다. 마침 박사님께서 예수서원 수업에 참여하고 싶은 사람은 신청하라고 하셨고, 고민 끝에 참여하기로 결심했다. 대학생들과 함께 철학적 토론을 하며 신앙을 공부하는 것이 부담스러웠지만, 주님께서 주신 기회를 놓치고 싶지 않았다.

예수서원 수업 시작 전, 3일 동안 정말 귀한 만남과 경험을 하게 되었다. 흑인 커뮤니티를 30년 동안 섬기며 가게를 운영하시는 센터장 님의 간증을 들으며 나의 비전을 새롭게 꿈꾸게 되었고, 이 목사님 가정을 만나 교제하며 내 삶을 온전히 주님께 드려야겠다는 결심을 했다.

워싱턴 내셔널 하버에서 전도했던 순간도 잊을 수 없다. 주

님의 복음의 씨앗이 심어졌음을 믿으며, 나에게 이 모든 시간을 허락하신 하나님께 감사했다.

예수서원 수업은 쉽지 않았다. 철학적이고 심도 있는 내용은 집중하기 어려웠고, 때로는 졸음이 쏟아지기도 했다. 하지만 그럼에도 불구하고 하나님은 나를 그곳에서 만나 주셨다.

특히 2일 차 수업에서 헬렌 로즈비어 선교사님의 간증을 들으며, 고난의 순간에도 하나님께서 나와 함께 하셨음을 깨달았다. 혼자라고 생각했던 외로움의 시간에도 주님은 내 곁에 계셨다. 그 사실을 깨달으니 내 삶이 더 이상 외롭게 느껴지지 않았고, 나의 과거를 감사로, 미래를 희망으로, 현재를 기쁨으로 주님께 올려드리기로 결심했다. 그날 수업 뒤 처음으로 순수한 기쁨을 느끼며 주님께 진정한 감사를 드렸다.

마지막 날, 나는 뜨거운 회개의 시간을 가졌다. 평소에는 기도할 때 주님께 드릴 말을 미리 생각하며 했지만, 그날은 전혀 계획하지 않은 기도가 터져 나왔다. "주님을 뜨겁게 찾지 못했던 나를 용서해 주세요." 나의 회개를 주님께서 들으신다는 확신이 들었고, 감사의 눈물이 흘렀다. 너무나도 은혜로운 시간이었다. 예수서원 일정이 끝나고 콜로라도로 돌아온 뒤에도, 동부에서 받은 감동은 사라지지 않았다. 내 안에서 변화가 시작되었음을 느꼈다. "마음이 변하면 상황이 변한다"는 것을 몸소 체험했다.

평소에는 빨리 끝나기만을 기다리던 예배가 매번 은혜로웠고, 기도 시간에도 큰 감동을 받았다. 작은 일에도 감사의 마음이 생겨나고, 나를 성장시키시는 주님께 더 많이 의지하게 되었다. 하지만 한편으로는 여전히 서로를 미워하고 다투는 친구들을 보며 안타까운 마음이 들었다.

어떻게 그들의 변화를 도울 수 있을지 막막했지만, 아이들과 진심 어린 대화를 나누고 기도로 그 시간을 마무리했다. 그때, 기도의 불길이 방 안을 뜨겁게 감쌌다. 서로를 미워하던 아이들이 부둥켜 안고 눈물로 기도하며 화해했다. 나 또한 주님께 사랑하지 못했던 나의 모습들을 회개하며, 친구들 한 명 한 명을 위해 간절히 기도했다. 그것은 분명 성령님의 역사하심이었다.

2개월간의 여정이 마무리되었다. 육체적으로나 정신적으로 연약함 속에서 넘어지고 주님과 멀어진 순간도 있었지만, 결국 여정의 끝은 주님께로 이어졌다. 내 안에는 이제 하나님 아버지가 계신다. 그 무엇과도 바꿀 수 없는 주님의 사랑이 나를 채우고 있다. 과거에 대한 후회와 미래에 대한 염려를 내려놓고, 선하신 주님께 나의 삶을 온전히 내어드린다. 이번 여정을 통해 나를 새롭게 하신 하나님께 감사드리며, 앞으로도 주님 안에서 살아가겠다는 다짐으로 이 글을 마무리한다.

빛나는 김진영

지나가는 사람이 아니라
한 영혼이다

인도

6.11 화요일

이 날 우린 인도로 떠난다. 복음을 전하기 위해, bsh를 위해.

인도행 비행기를 타며 출발을 기다리는 우리. 그런데 활주로 문제인지 뭔지 2:30 경에 출발해야 할 비행기가 연착 되었다. 3시간 정도? 난 좋았다. 비행기 내에서 볼 수 있는 재미있는 영화가 많았기에 행복했다. 행복한 비행 시간이 마무리 되어 갈 즈음, 인도 땅이 보이는데 정말 아름다웠다. 하늘에서 보이는 수많은 빛들이 어우러져 물방울 같은 하나의 도시를 보여주었다. 하지만 역시 눈에 보이는게 다가 아니다. 내가 보았던 풍경은 그저 아름답게 포장되어 있었던 하나의 포장지일 뿐이었다. 공항 수속을 마치고 나오는데… 밖이 사우나다. 정말 숨이 턱턱 막힌다. 이게 맞나 싶을 정도로 더웠고 앞으로 내가, 또 우리가 잘 버틸 수 있을까 걱정이 들기 시작했다.

인도에 도착하고 얼마 있지도 않았지만 우린 정말 색다른 경험을 많이 했다. 버스를 타고 이동했는데 버스 앞 유리창이 깨져 있었고 (렌트 한 벤에 짐을 실을 땐 차 지붕에 짐을 싣는다). 우리가 며칠 간 타고 다녀야 할 차는 차 뚜껑 위에 짐을 싣는다. 모든게 신기했다. 인도는.

 (우리는 인도에 6일 정도 머문다. 그리고 뭄바이, 델리 크게 두 지역을 방문한다. 우리가 먼저 간 지역은 뭄바이.)

 다음날. 인도에서의 본격적인 활동이 시작되었다.
 우린 인도 뭄바이 지역에서 여러 곳을 다녔다. 제일 먼저 방문한 곳은 타지마할. 타지마할을 가기 위해서는 조금 걸어서 이동을 해야했다. 근데 우린 그 짧은 이동 시간에 적잖은 충격을 받았다. 그곳에서는 길거리에 떠돌아다니는 많은 아이들이 있었고 그들은 우리에게 물건을 팔기 위해 우리 단체한테 붙기 시작했다. 사실 그때 당시에는 정신이 없어 짜증만 났었다. 근데 돌아서 지금 생각해보니 참 안타까웠다. 어린아이들이 살기 위해서, 하루 한끼의 밥 값을 얻기 위해서 그 뜨거운 태양 아래 힘들게 일해야 하고 고통받아야 한다는 그들의 현실이 너무나도 가슴 아프고 안타까웠다. 이때도 그 생각이 든 것 같다. 내게 놓여진 환경이 참으로 깨끗하고 편하고 살기 편했던 것을. 이 아이들이 하루빨리 하루하루에 대한 걱정없이 살았으면 좋겠다.
 타지마할을 보러 갔을 때 바로 보이는게 아니었다. 타지마할을 보기 전 그 성을 둘러 싼 외각의 성이 있는데 이 성은 그것대로 웅장했다. 하지만 역시 유명한 건 다 이유가 있는 법. 타지마할을 보자마자 사진을 보는 듯 했다. 정말 아름다운 성이었고, 내가 이걸 내 두 눈으로 보고 있다는게 너무 신기했다. 하지만 그 감정을 느낀 것도 잠시, 아이들이 더위를 못이겨 하나 둘 힘들어 하기 시작했다. 더위를 심하게 먹은 아이들은 점점 지쳐 쓰러져가고 서로 툭 치면 넘어질 것 같은 느낌이 들었다. 물론 나도 덥고 힘들었다. 하지만 나는 이 광경을 다시는 못 볼 수도 있다는 생각과 나에게 오지 못할 기회일 수도 있다는 생각이 컸기에 이 기억과 이 풍경과 이 아름다움을 눈에 그리고 기억에 최대한 담고 가야겠다는 생각이 내 머리를 지배했다. 이 마인드로 나는 많은 것을 보며 기록했고, 그와 동시에 아이들을 챙겼다.

　나와 아이들을 케어하며 우린 타지마할을 나왔다. 하지만 일정은 끝나지 않고 계속되었다. 우리가 두 번째로 간 곳은 아그라 성.

　아그라 성을 본 나는 초콜릿으로 만든것 같다, 라는 생각이 들었다. 찐한 갈색을 띄고 있었고, 그로 인해서 난 찰리와 초콜릿 공장에 나오는 초콜릿 성이 연상되었다. 그리고 아그라 성은 크고 미로같다. 그만큼 컸다. 다행히 성 내부 위주로 관광 가이드 길이 있어서 햇빛은 피할 수 있었다. 아그라 성은 위에서 풍경을 보았을 때 타지마할이 너무나도 잘 보인다. 비록 작지만.

타지마할은 죽은 아내를 위해 샤 자한 황제가 세운 무덤이다. 하지만 타지마할을 건설하느라 엄청난 재정 낭비로 인하여 아우랑 제브 황제가 아그라 성에 황제를 가두게 되고, 황제는 멀리 있는 아그라 성을 바라보며 슬퍼하다가 세상을 떠나게 된다. 이 이야기가 타지마할과 아그라 성의 이야기이다. 황제의 아내를 향한 사랑이 컸구나 라는 것과 그것에 대한 여파가 국민들의 힘든 노동을 불러왔겠구나 라는 생각도 들며 안타까웠다. 이 날 우린 아그라 성을 마지막으로 하루의 일정을 마무리했다. 정말 힘들고도 힘들어서 난 눕자마자 바로 잠들었던 기억이 있다.

6. 13일. 우린 이날 박사님이 묶고 계셨던 호텔에 가게 되었다. 우린 호텔 조식을 먹게 되었는데 정말 크고 신기했다. 인도에도 이렇게 좋은 호텔이 존재하는구나를 느끼게 되었고 우린 거기서 행복한 시간을 보냈다. 그렇지만 그러지 못한 친구들도 있었다. 어제 아이들을 챙겨주던 예라가 오늘 컨디션이 안 좋

았다. 몸이 많이 안 좋았던 탓이었을까? 우리가 중요한 단체에 가 짧게 특송을 하고 기도를 하는 자리에서 갑자기 쓰러졌다. 옆에 있던 난 당황해서 예라를 어떻게 해야하지 몰라할 때 선생님이 오셔서 예라를 봐주셨다. 급하게 자리가 마무리 되고, 우린 차로 이동했는데 많이 힘들었던 탓인지 예라는 한 번 더 쓰러지게 되었다. 당황했던 우린 예라를 케어하며 선생님을 기다리고, 다음 일정을 미루고 아픈 아이들을 숙소로 데려다 주었다. 한순간에 많은 일들이 일어났지만 우리는 다음 일정을 하러 가야 했다. 우리가 간 곳은 바하이 템플. 이곳은 종교적인 곳이다. 인도 현지에서도 많은 사람들이 이곳을 오기도 한다. 여긴 많은 신들을 섬기고, 여성 인권, 평화 등등을 추구한다. 그렇기에 우리는 이곳을 더 경계해야 한다. 바하이 템플은 우리가 알고 있는 수많은 신들을 이해하고 함께 하고 동등하게 믿고 수용하는 곳이다. 바하이 템플에서 우린 짧게 기도했다. 이곳을 깨끗하게 해달라고. 이곳을 하나님만을 볼 수 있게 해달라고, 하나님을 찾으며 기도했다.

기도 후 우린 바하이 예배당의 역사에 대해 더 알아보고, 간단 식사 후 간디 기념관에 갔다. 내가 why? 책에서 본 간디와 간디 기념관에 있던 간디. 정말 똑같이 생겼다. 그렇기에 조금 반가웠다. 간디 기념관이 있는 곳은 간디가 생의 마지막을 지낸 곳. 간디가 죽기 바로 전에 있던 장소이다. 이곳에서 우린 간디의 사상을 알게 되었다. 간디의 사상의 유래는 그의 친구인 스텐스 존스에서 많은 영향을 받았다고 볼 수 있다. 이분은 선교사였기에 많은 말씀들과 하나님의 살아계심을 간디에게 말해주었다. 간디는 이 말씀들을 자기의 사상에 넣고 쓰게 되었던 것이다. 나는 간디 기념관에 가지 않았더라면 간디를 정말 좋은 사람으로 알고 있었을 것이다. 하지만 이 시간 이 배움의 시간을 통해 우리가 간디를 얼마나 비판적인 시각으로 바라봐야 하는지를 뼈저리게 느끼게 되었다. 간디 기념관 방문이 마무리 되고 우리의 뭄바이의 일정도 마무리 되었다. 우린 이 날 뭄바이에서 델리로 넘어가는 기차를 탄다. 기차역에 가기까지 인도 선교사님은 우리에게 위험하니까 조심하라고 엄청나게 신신당부를 하셨다. 그래서 그런지 겁이 엄청났다. 기차역에 도착하고 정말 난 경악을 금치 못하였다. 창문 넘어로 보이는 수많은 사람들. 보이지 않는 바닥. 나에게 또 한 번 신선한 충격을 안겨주었다. 우리가 이 길을 어떻게 뚫고 기차역으로 가지…? 라는 불안감이 내 머릿속을 지배했다. 하지만 그 생각도 잠시 우린 빠르게 움직여야 했다. 짐을 내리면서 우리

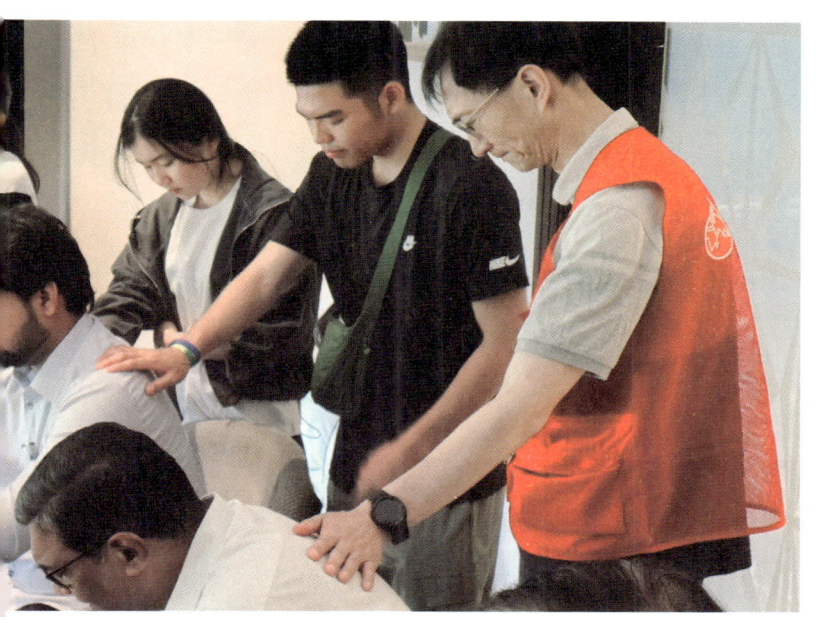

의 짐이 도둑맞지 않게 잘 봐야했고, 일행을 잃어버리지 않게 서로 체크해야 했기 때문이다. 그래서 난 내 짐을 챙기고, 캐리어는 그 현장에 계신 짐꾼한테 맡기며 세라와 팔짱을 낀 채 수많은 사람들 사이를 뚫고 들어갔다. 정말 기차 안에 들어가기 전까지 치이고 밀려나고의 반복이었다. 정말 정신 안 차렸다가는 국제 미아된다 라고 우리는 수도 없이 얘기했다. 다행히 한 명도 빠짐없이 우리는 모였고, 무사히 기차를 타며 뭄바이와 작별 인사를 했다. 하지만 또 우린 고난을 겪게 되었다. 16시간동안 타는 기차는 인도에서 최고의 기차지만 와이파이도 안되고, 기차의 흔들림은 심하여 아이들 하나 둘 씩 멀미를 하기 시작했고, 거기서 나오는 수돗물은 수질이 좋지 않아 물갈이를 하고, 우리가 자야 하는 곳은 정말 사람 한명이 겨우 들어가야 하는 곳이었으니 눈앞이 캄캄했다. 심지어 거기서 주는 음식도 정말 우리와 맞지 않았다. 너무 길게 느껴졌던 기차 여정이 끝나고 우린 델리에 도착하게 되었다. 하지만 아이들은 기차와의 싸움에서 많은 에너지를 쏟아냈고 그 때문에 우린 다음 일정을 소화할 수 없었다. 그렇기에 우린 호텔에서 조금 쉬는 시간을 가질 수 있게 되었다. 덕분에 난 힐링의 시간을 가지게 되었다. 멀미도 심하지 않고 상태도 멀쩡한 나는 혼자 음악을 들으며 또 호텔 앞 작은 공원을 산책하며 지치고 힘들었던 내 육체적 정신적 피로를 날려보내는 시간을 가지게 되었다. 그 시간이 흐르고 우린 오후에 남아있는 조금의 일정을 소화했다. 우리는 인도에 있는 조금 큰 교회 S.M.K.C 를 방문하게 되었다. 이곳에서 우린 환대를 받았다. 우리에게 장미꽃을 선물해 주고 간식과 차 등등을 짧은 시간이었음에도 불구하고 엄청난 대접을 해주었다. 우린 그에 대한 보답으로 특송과 이 교회를 위해 기도하였다. 이 다음으로 우린 인도 슬럼가에 위치한 작은 교회를 가게 되었다. 이곳을 가기 위해서는 인도의 슬럼가를 걸어야 했는데 정말 힘들었다. 인도의 그 습하고 더운 환경과 걸으면서 느껴지는 쓰레기와 꿉꿉한 향기, 우리를 신기한 눈으로 바라보는 수많은 아이들. 이를 뚫고 우린 슬럼가에 위치한 교회를 가게 되었다. 우린 그곳에서 짧은 설교를 듣고 이곳을 위해 그리고 이곳에 있는 청년들을 위해 기도를 했다. 비록 적은 시간이었지만 이곳에서 우린 그 시간과 비례하지 않는 엄청난 은혜를 느끼고 왔다.

6.15일 이 날 우린 사역을 하러 스트릿 칠드런으로 갔다. 이곳은 정부에서 운영하는 소위 한국말로 하면 고아원으로, 슬럼가 같은 길거리를 돌아다니는 아이들을 이곳으로 모아 씻기고 교육시키는 곳이다. 솔직히 처음엔 걱정했다. 영어도 안되고 아이들에게 쉽게 다가 갈 수 없을 것 같은 느낌이 들었기 때문이다. 하지만 이곳에 있는 아이들을 보자마자 행복한 감정이 나에게 크게 와닿았다. 순수한 어린 아이들이 우리가 앞에서 부르는 찬양을 즐겁게 따라 부르기 시작했기 때문이다. 원래 이곳은 정부에서 운영하고 있는 곳이라 찬양과 말씀 전파 등을

하지 말라고 선교사님께서 말씀하셨다. 하지만 우린 이곳에서 찬양으로 아이들에게 즐거움을 선물해 주었고 또 우리가 그 즐거움을 선물 받았다. 우리가 깰 수 없는 하나의 틀을 깬 느낌이었다. 여기서 우리는 아이들과 소통하며 즐거운 시간을 보내게 되었다. 나는 어린 아이들과 함께 있게 되었는데 인도 국기와 태극기를 그리기로 하였다. 아이들이 우리에게 질문하며 하나 둘 그림을 완성해가고 뿌듯해 하고 그 그림을 우리에게 주면서 정말 많은 행복한 감정을 가지게 되었다. 더웠지만 그 더움이 느껴지지 않았다. 그리고 우리 모두 이 아이들에게 소중한 선물을 받았다. 종이로 만든 장미와 손편지였다. 어쩌면 긴 시간을 함께 했을지 모르지만 나에게는 너무나 짧게 느껴지는 순간들이었고 손수 만든 선물 하나하나가 정말 나에게 큰 감동으로 오게 되었다.

행복한 기억들을 가지고 우린 다음 사역지 핸디캡트 스투던트(Handicapped Students)를 가게 되었다. 핸디캡트는 장애라는 단어이다. 한마디로 장애를 가지고 있는 아이들이 모여 있는 학교. 나는 이 사실을 도착하기 전까지 몰랐다. 그곳에서 설명을 듣고서야 알았다. 이 학교에 있는 아이들 70% 이상이 소리를 듣지 못한다고 하였다. 그래서 우린 이들이 표정에 집중한다는것을 알게 되어 우리의 즐거움을 최대한 표정으로 표현하려 노력했다. 찬양할 때도 노래보단 우리의 동작이나 밝은 표정에 더 집중했다. 이곳에 오랜 시간 머무르지 못했지만 수화로 사랑한다고 표현하고 이들을 위해 기도해 줘야겠다는 마음을 먹으며 헤어지게 되었다. 우리의 이날 일정은 이것으로 원래는 마무리다. 하지만 박사님께서 우리에게 더욱 좋고 많은 것들을 보여 주고자 Gateway Of India로 가게 되었다. 여긴 뭄바이에 위치한 인도문. 1911년에 영국 국왕 조지 5세 내외가 인도를 방문한 기념으로 세워진 인도 뭄바이의 상징적인 건물이라고 한다. 우리는 인도문 바로 앞에 위치한 호텔에 가서 음료수와 디저트를 먹으며 힐링의 시간을 가지고 저녁을 먹으러 갔다. 행복한 날이었지만 나에겐 다음날 문제의 원인이 되는 날이기도 했다. 이날 난 저녁을 먹으러 간 식당에서 에어컨 바람이 센 곳에 있게 되었고, 억지로 음식을 먹어 속이 뒤집어지게 되었다. 정상 컨디션이지 않는 상태로 다음날이 되고 우린 인도에서의 마지막 일정, 다리미 교회로 가게 되었다. 박사님은 우리에게 말씀 하셨다. 인도에 이 집회를 위해 왔다고 해도 과언이 아닐 정도로 중요한 날이라고 강조하셨다. 이 중요한 날에 하필 최악의 컨디션이라니. 정말 너무 싫고 힘들었다.

예배를 드리는 도중 난 컨디션 때문인지 뭔지 계속 졸았다. 정말 죄송했다. 하지만 난 졸음을 참을 수 없었고 계속해서 민폐 끼치는 행동을 하고 있는데 우리의 특송 차례가 되었다. 무대로 올라가려고 하는데 갑자기 속이 급격히 안 좋아졌다. 나의 상황이 심각하다는 것을 알고 빨리 하고 내려 가야지 하고 있었는데 꽃목걸이를 주는 시간, 박사님의 짧은 말씀 등등 계속해서 내가 무대 위에서 대기를 해야만 했다. 나한테는 이 시간이 너무 지옥 같았다. 바로 자리에서 토를 할 것 같았고, 그렇게 되면 난 이 중요한 자리를 망치게 되는것이기 때문이다. 그렇기에 난 옆에있는 양쪽 친구들의 옷 끝을 꼭 쥐며 악착같이 버텨냈다. 내 상태를 다른 사람들도 눈치를 챘는지 나를 쳐다보며 걱정하고 무리하지 말고 내려가라는 눈빛과 말을 해주었다. 멀리 계신 선교사님과 선생님들도 그 얘기를 나에게 하신 것을 보면 내가 많이 아파 보였나보다. 당시에 난 입술이 노랬고, 식은땀도 정말 많이 났으니 눈치를 채셨을 수도 있다. 하지만 난 내가 여기서 무대 밑으로 내려간다면, 나 혼자 튀는 행동을 한다면 이 자리는 나 하나 때문에 망쳐지는 것 이라고 생각했기에 모든 것을 뒤로 하고 그냥 버텼다. 다행히 그곳에 계신 인도분이 나에게 물을 주었고 그 물을 마시려 할 때 쯤 박사님의 말씀이 끝나고 우리의 차례가 되었다. 참 타이밍도 더럽게 잘 맞는다. 그리고 찬양 할때 나는 평소보다 살살했다. 무리 했다가 망치면 안되니까. 그런데 신기하게도 찬양을 부르면서 점점 난 속이 괜찮아졌다. 처음엔 뛰기도 무서웠던 나의 몸 상태가 끝나갈 때 쯤엔 평소대로 뛰며 찬양할 수 있게 된 것이다. 정말 마법같았다. 몸이 괜찮아지고 있다는 것을 내가 느끼면서도 정말 신기했다. 찬양 덕분인지 무엇 덕분인지 나는 몸 상태가 매우 호전되었다. 내색은 안했지만 정말 신기했다. 오후 다리비 교회 설교가 끝나고 우리는 휴식의 시간을 가지다가 저녁에 한 번 더 다리비 교회로 오게 되었다. 저녁에 나의 몸 은 아무런 이상이 없는 상태였다. 그래서 그런지 더 말씀이 들어 오고 정말 즐겁게 찬양하고 있었다. 오후에 우리가 했던 찬양은 그 날 연습한 곡이었기에 어수선 했지만 저녁 찬양은 정말 우리가 많이 부른 찬양이었기에 더욱 능숙하고 즐겁게 찬양에 임했던 것 같다. 예배가 끝나고 우리는 그곳에 있는 인도분들과 기록을 남기는 시간을 가지게 되었다. 같이 사진을 찍거나 인사를 하며 친목을 나누며 하나의 새로운 인연이 만들어지는 시간을 가지게 된 것이다. 아쉬운 마음을 뒤로 하고 우리는 숙소로 복귀했다. 이 날을 끝으로 나는 인도와 작별 인사를 나누고 인도라는 땅을 떠나게 되었다.

돌이켜보면 정말 쉽지 않은 일주일이었다. 덥고 습한 환경에서의 여정, 하루하루 우리를 기다리고 있는 일정들, 아이들의 몸 상태 등등 정말 힘든 시간이었다고 감히 얘기 할 수 있다. 우리들끼리 헤이해진 마음가짐을 다잡는 그런 쓴소리 하는 시간도 가지고, 누구 하나 힘들지 않았던 시간이 없을 정도이다. 하지만 그렇기 때문일까? 자신의 속마음을 조심스럽게 얘기하며 이 속에서 성장하고, 하나되고, 단합되는, 서로를 조금이라도 더 바라보는 우리가 되었다는 생각이 들었다. 빨리 지나가기만을 기다린 이 일정이 끝나게 되면서 난 겨울에는 그래도 올 수 있지 않을까 하는 생각을 하며 인도에 대한 부정적인 생각보다는 긍정적이고 내가 행복했던 시간을 더 떠올릴 수 있었다. 기회되면 한 번 더 오는 것도 괜찮을지도?!

이스라엘

인도 다음으로 간 나라 이스라엘. 이스라엘에 도착한 시간은 상당히 늦은 시간이었다. 공항에 도착하자 그곳에 계신 송은주 선교사님이 우리를 맞이해 주셨다. 늦은 시간이었음에도 불구하고 우리를 환하게 환대해 주셨고, 그 덕분에 우린 웃을 수 있었다. 밖으로 나갔을 때 우리는 천국이 따로 없다고 생각했다. 다른 사람이 느꼈을 때는 더웠을 수도 있지만 우리가 이전에 있었던 곳은 인도. 덥기도 무지 덥고, 습하기도 엄청 습했기 때문에 우리에게 이스라엘 저녁은 너무나도 시원했다. 건조함이 한 몫 했던 것 같다. 이번 이스라엘 일정은 IDS 뿐만 아니라 국제사랑의봉사단 58기 선생님 분들과도 함께하는 일정이다. 이날은 늦게 공항에 도착했기에 아무 일정 없이 바로 호텔로 돌아갔다. 버스를 타며 호텔로 가는데 이스라엘 국기가

수도 없이 보였다. 정말 많이. 그리고 익숙한 문양 세월호를 추모하는 리본도 큰 건물 전광판에 띄워져 있었다. 너무나도 잘 알고 있는 리본이 왜 저기에 있지? 라는 생각이 들 무렵, 이스라엘 선교사님이 우리에게 리본에 대해 설명해 주셨다. 몇 달 전 하마스에서 이스라엘 국가로 쳐들어와 시민을 무차별 납치했다고 하였다. 이를 추모하고 기억하기 위한 하나의 방법이라고 하였다. 안타까웠다. 이스라엘이 왜 이런 상황을 맞이해야 하는지 이해도 가지 않았고 모든 것이 안타까웠다.

하지만 그 상황 속에서도 이스라엘의 풍경은 아름다웠다. 우리가 하루 묵을 호텔은 바다 뷰가 보이는 호텔이었다. 정말 저녁과 아침. 창 밖을 보는 맛이 쏠쏠할 정도로 아름다웠다. 아침부터 그 바닷가 근처를 러닝하는 사람과 바다에 들어가 수영하는 사람, 강아지 산책시키는 사람, 자전거 타는 사람 등등 전쟁 중인 국가일 거라 아무도 생각 못할 만큼 평화로워 보였다.

우리는 이스라엘에서 정말 많은 곳을 빠르게 빠르게 다녔다. 그 덕분에 난 많은 사진을 찍으며 기록했지만 문제는 그 사진의 장소가 어디인지 모르겠다는 것이다. 그리고 난 하나하나 천천히 관람하며 즐기는 타입이라 이번 이스라엘 일정은 나에게 너무 힘든 여정이었다. 일정표에는 수많은 장소가 나와 있었고 난 많은 곳을 방문할 것에 대해 기대를 품었지만 큰 감동을 느끼지 못하였다. 그렇기 때문에 이스라엘에서 '어디를 다녔다' 라는 기록보다 지금도 내 머릿속에 남아있는 이스라엘의 인상 깊었던 것을 나누고 싶다.

그래도 아쉬우니 우리가 방문했던 곳을 모두 얘기해 보자면 팔복 교회, 가버나움, 베드로 수위권 교회, 오병이어 교회, 선상 예배, 티베리야, 텔이스르엘, 요단강 세례 터, 여리고, 시험산, 예루살렘, 감람산, 주기도문 교회, 예루살렘 전망대, 눈물교회, 기드론 골짜기, 겟세마네 동산, 히브리대학, 마가의 다락방, 다윗의 가묘, 베드로 통곡교회, 베들레헴, bsh 컨퍼런스, 가자 지구 근처, 텔브엘쉐바, 브엘세바, 벤구리온 무덤, 미쯔페라몬, 광야, 사해 수영, 엔게디, 다윗의 폭포, 쿰란, 예루살렘 성벽 걷기, 다윗성, 히스기아 터널, 실로암, 베데스다, 비아돌로로사, 성묘교회, 통곡의 벽…

정말 많이 다녔다. 이 많은 일정 중에서 내게 크게 와 닿은 것은 우선 환경이다. 이스라엘은 건조 지역이라 들판이 갈색인 것이 일상이라고 한다. 가끔 보이는 초록색 식물은 배수관을 연결하여 뿌리에 물을 주고 있는 방식이라고 우리에게 말씀해 주셨다. 그리고 가이사랴 지역. 그곳엔 웅장한 무대가 있다. 우리가 그 무대에서 이스라엘 국가 하티크바를 불렀다. 그 무대와 관객석의 특성상 잘 울리게 만들어진 곳이라 생소한 느낌이 들었던 게 기억이 난다. 그리고 같은 날 갈멜산 교회. 이곳에서 우린 정말 있을 수 없는 신기하고 웃긴 상황을 맞이 한다. 갈멜산 교회에서 윤감독 님과 다같이 뜨거운 기도를 하게 되었는데 그 크고 뜨거운 기도 덕분인지 그곳에 계신 신부님께서 이 소리를 듣고 나오신 것이다. 우리는 처음에는 당황했지만 점차 웃음이 났다. 이렇게 크게 기도한 사람들이 우리밖에 없었기에 이분이 당황하지 않았을까 하는 생각도 들고 재미있는 기억으로 남아 있다.

우린 갈릴리 호수 근처 숙소에서 아침을 맞이했다. 덕분에 바로 근처로 이동하여 갈릴리 호수에 발도 담그고 즐겁게 시간을 보내게 되었고, 점심으로 성경에 나오는 베드로 물고기를 먹은 후 배를 타고 직접 갈릴리 호수를 구경하였다. 정말 아름다웠다. 드넓게 펼쳐져서 끝이 보이지 않는 호수, 바다라고 해도 믿을 만큼 크다. 제트스키를 타며 우리에게 인사를 건내주는 사람들, 배에서 흘러나오는 애국가, 아름다운 하늘, 좋은 날씨. 모든 것이 완벽하다 라는 생각이 들 정도로 그 시간만큼은 행복했고 또 행복했다. 그리고 또 재미있는 건 우리가 배에서 내리려 할 때 현지인들이 마치 연예인이 된 듯 마냥 환호성을 지르고 신기해 하며 우리를 좋아해 주었다. 정말 별의별 경험을 다해보는 느낌이 들었지만 그 기분이 나쁘지는 않았다. 그리고 같은 날 우리는 또 하나의 새로운 경험을 하게 되었다. 우리가 간 곳은 요단강. 이곳에서 세례를 받을수 있게 되어 받고 싶은 사람은 세례를 받기로 했다. 세례를 받는 사람들 중에서 우리 IDS 꿈쟁이들도 있었다. 세례 터의 물은 더러웠지만 그곳에서 세례를 받는 것은 귀하고도 귀한 것이라 아무도 신경쓰지 않았다. 나는 세례를 받지는 않고 아이들의 소중한 순간을 기억에 기록해 주었다. 한 명 한 명의 모습들을 보니 뭔가 뭉클하고도 기분이 좋았다. 이 시간이 아이들에게 영광이었던 시간으로 남았으면 하는 바람이다.

감람산. 이곳에서 우리는 다시 오실 주님을 찬양하며, 하늘을 바라보고 있던 와중에 하늘에 있는 행성을 발견했다. 그것은 마치 하나의 별자리 북두칠성 모양을 띄고 있었고, 하나님께서 우리에게 보여주신 미라클이라 생각했다. 누구에게는 별거 아닌 행성 이라고 생각할 수도 있지만 그 당시 우린 온 진심을 다해 이곳을 위해 기도했고 진심을 쏟아 부었기에 더욱 우리에게는 의미있게 다가온 상황이었다. 그리고 주기도문 교회. 우리가 방문한 날 이곳이 막 오픈하고, 이곳에서 쓰러지신 박화목 선교사님.

특히 박화목 선교사님께서는 이곳을 잊을 수 없을 것이다. 우선 우리가 이곳에 도착했을 때 여기 계신 직원이 놀랐었다. 우리가 딱 온 그날, 이 주기도문 교회가 잠시 문을 닫았다가 마침 오픈한 것이기 때문이다. 나는 또 한번 미라클 같은 상황이 일어났다고 생각했다. 주기도문 교회에서 구석구석 설명을 들으며 다니던 중 오늘 하루 컨디션이 좋지 않았던 박화목 선교사님께서 벽에 기대고 계시다가 쓰러지셨다. 우리 학생들은 멘붕이 왔고 선교사님을 위해 기도를 해주며 치료를 해주었다. 그랬더니 정신을 차리신 선교사님께서 일어나셨다. 정말 아찔한 순간이었다. 우린 이날 선교사님께서 천국을 맛보고 오셨다고 말한다. 다행히도 이 시간을 기점으로 푹 쉬시게 되셔서 에너지가 돌아오셨다.

여러 상황들이 있었고 그 속에서 수많은 일들이 있었다. 이스라엘에서 가장 중요한 BSH 컨퍼런스도 시작하게 되었다. 이틀에 걸쳐 진행되는 BSH. 많은 사람들이 예배당으로 모이고, 많은 국가를 대표하는 사람들이 무대에서 간증을 하기도 했으며 박사님과 북한 분들도 함께 간증을 하였다. 예배도 하고, 찬양도 하고 내가 이곳에서 이렇게 말씀들을 들을 수 있어서 영광이었다. BSH 마지막 날. 오전에 말씀을 듣고 오후에 사랑의봉사단분들과 다같이 가자 지구를 가게 되었다. 그곳에서 우리는 국경 라인 넘어에 있는 광경을 보며 기도하고 찬양하고 그리고 그곳에서 우연히 마주친 유대인 분들에게 우리가 준비한 사과 편지를 드리기도 하였다. 가자 지구에서 은혜로운 시간을 보내고 우리 모두 돌아갈 무렵 그곳으로 이스라엘 군인 두 분이 오셨다. 우린 그분들과 이야기를 나누고 충격적인 얘기를 듣게 되었다. 이스라엘로 처들어온 하마스인들이 시민들을 무차별 폭행하며 학살하고, 또 한 가정을 잔인하게 고문했다고 했는데 그 내용이 가슴 아팠다. 갓난아이를 오븐에 넣어 돌려 죽이고, 남편이 보는 앞에서 아내를 강간하며 살인했다고 한다. 충격적이었다. 이렇게 잔인하고 끔찍한 방법으로 사람들을 고문하고 학살한다니… 충격이 가시질 않았다. 이 이야기를 군인분께 듣고 우리는 이분들을 위해 기도해야 겠다고 생각했다. 군인 분께 말씀을 들어서인지 마을이 눈에 들어왔다. 겉으로 보기에는 멀쩡한 마을이지만 이곳은 하마스에게 피해를 입어 주민들이 많지 않은 마을이다. 슬펐다. 거리와 차도에 사람과 차가 거의 없는 것을 보며 이 나라가 전쟁 증이라는 사실을 깨닫게 되었다. 사실은 이전에는 오히려 전쟁 때문에 관광객이 없어 좋다고 생각했다. 하지만 그런 생각을 한 과거의 내가 부끄러웠다. 난 이곳에서 많은 깨달음을 얻었고 이스라엘에 대해서 더욱 자세히 알고 싶다는 생각을 하게 되었다. 같은 날 마지막 일정, 기도의 집 방문이다. 이곳은 뷰가 최고이다. 벽 대부분이 통유리로 되어 있어 풍경이 다 보이고 특히 황금돔이 보이는 것이 포인트이다. 기도의 집은 24시간 동안 이스라엘을 위해 기도하는 곳이다. 그렇기에 우리도 이곳에서 뜨겁게 눈물로 기도하는 시간을 가졌다. 그곳에서 몇몇은 국기를 휘날리며, 혹은 무릎을 꿇으며, 혹은 너머에 있는 황금돔을 보면서 눈물로 기도하는 시간을 가지고 찬양을 부르며 정말 정말 진심을 다해 기도했다. 그리고 이 이후에 새로운 인연을 만들기도 했다. 그분들의 간증도 듣게 되었고 정말 이곳에서도 은혜가 충만했다.

그리고 미츠페 라몬!

돌산 느낌의 높은 산에서 일출을 볼 수 있는 기회가 왔다. 하지만 일출 시간이 새벽이라 이는 선택이었다. 난 신기하게도 눈이 떠졌다. 일출 시간은 대략 5시. 우린 호텔에서 미츠페 라몬으로 가게 되었다. 길은 모르지만 그냥 무작정 내 룸메였던 세라와 같이 길을 걸었다. 근데 길을 걷고 있는데도 그 풍경이 아름다웠다. 염소가 그냥 옆 초원에 있었고, 우린 그 염소들을 보며 길을 걸었다. 다행히 미츠페 라몬에 도착했고 생각보다 많은 분들이 그곳에 계셨다. 해는 점점 뜨면서 주위가 밝아지

고 마치 해가 뜨는 걸 처음 보는 아이인 듯 많은 것들을 사진에 담았다. 그리고 그분들과도 함께 추억을 나누며 행복한 시간을 보냈고, 그곳에 있는 길고양이들과도 인사를 나누며 좋고 행복한 시간을 보내게 되어 기뻤다.

 이날 바로 사해로 가게 되었다. 사해 수영, 기대되었다. 염분이 높아 가만히 있으면 몸이 둥둥 뜬다고 했던, 엄청 유명한 곳. 내가 그곳을 간다니 신기하고 즐거웠다. 하지만 이동 시간에 조금 겁이 나기 시작했다. 사해는 염분이 매우 높아 코, 눈, 귀 등 기관지에 들어가면 매우 따갑고 아프다는 주의를 들었기 때문이다. 그렇기 때문에 내 몸을 사해에 맡길 때 혹시나 기관지에 사해 물이 들어가면 어떡하지? 라는 생각과 겁이 났다. 그렇지만 다행히도 난 금방 사해에 적응했고 내 몸을 사해에 온전히 맡기게 되었다. 다른 꿈쟁이들은 몸이 따갑고 아프다며 다들 금방 나갔지만 나는 정말 오랫동안 사해 바다에 머물러 있었고 또 가장 멀리 가기도 하면서 사해와 마치 하나가 된듯 바다 파도에 온전히 내 몸을 맡기며 즐기게 되었고, 덕분에 너무나도 즐거웠던 기억으로 남게 되었다.

같은 날 우린 또 물과 연관된 일정이 있었다. 가게 된 곳은 바로 다윗의 폭포. 나는 옷을 일상복으로 다 갈아입은 상태였기에 폭포에 들어갈 생각이 없었다. 다윗의 폭포를 향해 가는 길은 태양빛이 뜨거웠다. 굉장히 더웠고 햇살이 너무나도 강했다. 엎친데 덮친격 내 가방끈이 끊어져 상당히 기분이 안 좋아지기 시작했다. 열심히 길을 걷다가 다윗의 폭포에 도착했는데 아이들은 그곳으로 뛰어들어갔다. 그리곤 하는 말이 "물이 엄청 시원해!"였다. 이전 사해 바다는 물이 시원하지 않아 많은 친구들이 아쉬워 했는데 여긴 물이 시원하다며 엄청 행복해 했다. 그렇게 큰 규모의 폭포는 아니었지만 그 속에서 우리 아이들은 엄청 즐거워했고, 들어가지 않기로 결심해서 밖에서 아이들을 바라보는 나는 조금 쓸쓸하기도 했다. 폭포물을 맞으며 즐거워 하는 아이들을 보며 웃기도 했지만 마음 한 구석에 아쉬움이 있었던 것 같다. 그런데 그 마음을 알기라도 한 건지 꿈쟁이 한명이 혼자 앉아 있는 나를 보면서 왜 안들어 오냐고 하며 이거 체험 안 하면 진짜 후회한다 라고 나에게 얘기하면서 폭포 있는 쪽으로 나를 이끌었다. 분위기 때문에 나는 그 폭포를 맞게 되었고 덕분에 난 홀딱 젖게 되었다. 덕분에 하나의 추억이 만들어졌다. 조금 고생하긴 했지만 그때 당시 꿈쟁이들한테 조금 고마운 감정이 들기도 했다.

다음으로 인상깊었던건 히스기야 터널!

좁디 좁은 터널길, 밑에는 발목이 잠길 정도 차 있는 물, 정말 빛 하나 일절 없는 그런 통로. 우린 그 통로인 히스기야 터널을 가게 되었다. 20~30분정도 어두운 통로길을 우리는 한 줄로 걸어가며 히스기야 터널의 예전 그 느낌을 체험했고, 또 한 번은 그때 처럼 빛 하나 일절 없이 가보자! 하면서 가지고 있던 후레쉬와 빛 등을 모두 끄며 가기도 했다. 그중에서 정말 놀라운 건 이 길을 걸으며 찬양을 불렀다는 것. 그런데 들리는 것은 목소리 뿐만 아니라 기타 소리도 함께 들리는 것이었다. 이게 무슨 일인가 하고 넘어 갔었는데 알고 보니 박화목 선교사님이 그 좁은 틈 사이에서 어떻게든 기타를 연주하시며 찬양을 불렀다고 하셨다. 정말 있을 수 없는 그런 불가능하고 힘들 것 같던 일들이 우리들 사이에서 일어나고 있는 것을 느끼게 되는 순간이었고 선교사님 정말 대단하다.

그리고 고양이와 광야. 이스라엘은 길고양이가 굉장히 많았다. 덕분에 나는 이스라엘에서 수많은 고양이를 보며 힐링을 할 수 있어 행복했다. 그리고 광야 또한 너무나도 많았다. 아무것도 없는 땅에 세게 내리쬐고 있는 태양. 정말 차원이 다른 광야이다. 이런 환경 속에서 우리는 많은 일정을 소화하고 마지막 날 저녁. 한 자리에 모여 이 시간을 기억하고자 그리고 축복하고자 의미로운 시간을 보내며 마무리 하였다. 길다면 길고 짧다면 짧은 시간이었고 나에게는 조금 힘든 여정이었지만 그만큼 남들은 하지 못하는 일을 내가 할 수 있음에 감사하다는 마음으로 이 자리에 임하게 되어 감사했다. 전쟁 중인 국가, 처음엔 꺼려졌지만 다음에 또 오고 싶다는 마음을 만들게 해준 국가이다.

이스라엘, 하나님의 축복이 하루빨리 가득했으면 좋겠다.

미국

인도 이스라엘을 거쳐 우리의 마지막 일정인 미국. 하지만 이곳에서 한달이 넘는 시간 동안 후 우리는 계속 함께 해야 했었다. 끝이 보이지 않았던 우리의 일정이 이제는 끝에 도달해 있다.

미국에 온 우리의 목적은 영어를 배워 영어가 우리 입에 붙기 위함이다. 하지만 이곳에 오자마자 나는 불가능할 것 같다는 생각이 머리를 지배하게 되었다. 우리가 지낼 곳은 ILI 센터. 수많은 사람들이 그리고 선생님들이 센터에 머무르고 또 함께 했기에 영어를 쓸 일이 거의 없다고 생각했다. 그래도 우리는 이곳에서 영어 문장 암기, 영어만 쓰기, 성영암 등을 하면서 영어와 친해질 수 있도록 노력했다. 다행스럽게도 나도 살짝 익숙해진 듯했다. 영어와 담을 쌓고, 서로를 뒤돌아보며 외면하고 있었다면 이제는 세끼손가락 걸친 정도…? 크나큰 발전이다.

영어 공부를 하면서 우리는 이곳에서 많은 것들을 즐기기도 했다. 전보다 더 많이 쇼핑할 기회도 있었다. 덕분에 난 전에는 쓰지 못했던 센트를 이번에 많이 쓰게 되어 개인적으로 뿌듯했다.

그리고 전도도 할 기회가 많았다. 이번 미국에서는 총 두 번을 나갔는데 나는 두 번 다 같은 지역인 마니또 스프링스로 가게 되었다. 첫 전도는 나에게 아쉬운 기억으로 남아 있었다. 영어는 자신감이라고 하지만 나한테는 그 자신감이 없고, 나보다

어린 동생들 또한 챙겨야 했기에, 그리고 보이는 모든 사람들이 풍선과 전도지를 가지고 있었기에, 아무것도 할 수 없었다. 하지만 하나님이 이 마음을 알아주신 것인지 나에게는 두 번째 기회가 생기고 또 나를 같은 장소로 보내주셨다. 신기하게도 두 번째 전도 프로젝트는 나에게 아쉬움보다 기쁨으로 남아 있다.

수많은 전도지와 풍선이 우리에게 있었다. 그리고 내 옆에는 나를 도와줄 나와 함께해 줄 친구들이 있었기에 더욱 든든했다. 심적으로 자신감이 생겨서 그런지 전에는 쉽게 주지 못

했던 전도지도 나눠 드리고, 함께 사진도 찍고, 다리가 불편한 분께도 복음지를 주었다. 나는 이분에 대해 더 자세히 이야기하고 싶다. 난 이날 마니또 스프링스에서 이 남성 분을 길 가다가 처음 만나게 되었다. 옆에는 나의 친구들이 있던 상황이었는데 이분을 보게 된 것이다. 보자마자 난 속으로 많은 충격을 받았다. 선천적으로인지 후천적으로인지 모르지만 그분은 두 다리를 반 이상을 잃으신 상태였다. 그래서 그분은 두 다리에 의족을 착용하고 계셨다. 그분을 처음 보자마자 그분께 다가가 이야기를 나누고 싶었다. 하지만 다가갔다가는 불편해 할

것 같아서 쉽게 다가갈 순 없었다. 아쉬운 마음을 뒤로 하고 우리 마니또 스프링스를 활주하고 있다가 우리와 헤어진 아이들을 찾으러 혼자 돌아다녀야 했다. 그런데 그 남자 분이 거리에 있는 의자에 앉아서 기타를 연주하며 버스킹을 하고 있었다. 나는 그분의 인생을 응원하고 싶었고 복음지 또한 드리고 싶었다. 그러면서 생각한 것이 앞에 있는 모금함에 돈과 복음지를 같이 넣는 방법이 떠올랐다. 나의 행동 하나가 그리고 나의 이 응원하는 마음이 그분에게 큰 위로로 다가갔으면 하는 마음으로 모금함에 넣었다. 그분이 나에게 thank you~! 라고 해주었다. 나는 그 짧은 말 한마디가 크게 와닿았다. 누군가에게는 이 글이 별 의미 없는데 왜 이렇게 언급할까 하는 마음이 생길 수도 있다. 하지만 나한테 그분은 지나가는 하나의 사람이 아닌 내 머릿속에 자리잡은 하나의 영혼이라 생각한다. 나는 이 분이 나의 첫 영혼 섬김이라 생각한다. 그렇기에 이 시간은 나에게 크게 의미있는 시간이었다. 나의 마니또 스프링스 전도가 아쉬움으로 남을 수도 있는데 아쉬움으로 남지 않게 된 것이 너무 신기했다.

그리고 우리는 래프팅과 온천도 방문하고 파익스 피크, 레드락 등등 많은 곳을 함께 방문하며 운동하며 즐겼다. 하지만 정말 하루하루 쳇바퀴를 돌리는 듯한 반복되는 영어 수업에 지쳐 갈 무렵 다가온 꿈청의 동부 일정!

공항 출발 전 킹덤드림센터에서 짐을 쌀때부터 난 너무 기대되었다. 사람들이 많아 비행기를 못 탈뻔 했지만 그럼에도 난 즐거웠다. 동부에 있는 동안 나는 너무 행복했다. 모든 스트레스를 잊고 보낸 느낌. 오전 12시쯤에 호텔에 들어가고 모든 것이 새로웠기에 힘들다는 생각이 들지 않았다. 이 일정 동안 프린스턴, 예일, 하버드, mit 등을 보았고 보스턴, 뉴욕, 워싱턴 등등을 방문하며 행복한 시간을 보내게 되었다. 그 시간 속에 많은 배움도 있었다. 특히 배 사모님께. 사모님은 어디를 가든 복음지를 들고 다니시면서 하나님의 말씀을 사람들에게 나누어 주신다. 그리고 이번엔 우리에게 그렇게 하도록 시키셨다. 정말 어려웠지만 그 어려움 속에서 배움이 있고 그리고 모두가 이 모습을 배워야겠다는 생각이 깊게 들었다. 많은 것을 깨닫고, 배우고, 보고 하는 행복한 일정이 끝나고 나를 기다리고 있는 것은 덴버 할렐루야 교회와의 수련회이다. 나는 새로운 만남을 딱히 좋아하지 않는다. 하지만 좋아하지 않는다고 혼자 빠질 수도 없는 법. 나는 티를 내지 않는 선에서 최선을 다했다. 다행히 내 걱정과는 다르게 저녁 수련회 기도 시간은 은혜가 가득했고, 많은 아이들이 천국도 보고, 하나님 음성도 듣고, 지옥도 보고, 많은 환상을 보는 은혜를 느끼는 순간들이었다.

하지만 이상했다. 분명 우리 아이들은 교회 수련회 기간 동안 상상도 못할 만큼의 은혜를 받았는데 왜 이런 행동들을 하는지. 정말 같은 사람이 맞는지 의심이 들 정도로 눈만 깜빡이면 사탄이 틈 탈 환경을 만들어주는 것 같다고 느꼈다. 하나님을 영접한 자가 맞나? 싶을 정도로 틈만 나면 싸우고, 울고, 부수고 이것들이 일상이 되었다.

아이들의 행동들이 점점 도를 넘는 걸 보면서 우리 고등부

꿈청들은 선생님과 이야기를 나눈 끝에 꿈청들이 꿈싹, 꿈뜰의 행동에 대해 일깨워 주는 시간을 가졌다. 정말 이 아이들을 사랑으로 품을 수 있을까, 사랑으로 품고 싶지도 보고 싶지도 않다 하는 생각을 했던 나는 회개 기도 시간에 한 명 한 명 아이들을 위해 기도를 하게 되었다. 정말 이상했다. 불가능할 것 같은 생각이 들었는데 이 희미한 믿음의 불씨가 우리에게 이렇게 큰 영향을 끼치다니! 이상한 현상이라고 생각했다. 그리고 혜규가 얘기 했다. 하나님이 우리 단체를 너무나도 사랑하는 것 같다고. 나는 이 말을 듣고 동의할 수 밖에 없었다. 일말에 희망도 보이지 않았는데 이렇게 하나가 되었다는 것은 정말 하나님의 사랑이 없으면 일어날 수 없는 일이라고 생각하기 때문이다.

우리는 이에 대한 사명감을 가지고 행동해야 한다. 앞으로 다시 넘어지더라도 우리가 함께 했던 이 시간들과 이 은혜와 이 배움을 잊지 않고 기억하며 다시 일어섰으면 좋겠다.

영국

갑작스러운 질문. "진영아 너 영국갈래?"

"네??"

이게 영국의 첫 시작점이었다.

갑작스러운 은혁 선생님의 질문, 너 영국 갈래? 라는 말은 나를 너무나도 쉽게 당황하게 했다. 물론 갑작스러운 해외 파송 질문에 대한 놀란 부분도 없지 않았지만, 이 일은 ids 학생이라면 누구나 대비해야 하는 일. 나는 시기가 걱정이었다. 난 당장 며칠 후의 크리스마스 전야제를 위해 열심히 준비하고 있었기에 이렇게 가버려도 되나? 라는 생각이 들었기 때문이다. 하지만 기회가 있을 때 잡아야 한다는 선생님들의 조언으로 나는 단 몇 분 만에 간다는 확답을 드렸다.

수많은 기도 제목이 있었지만, 그중에서 난 입국 심사에 관한 기도를 제일 신경썼다. 언어도 통하지 않는데 가는 사람은 나 혼자. 거기서 내가 조금이라도 잘못해서 입국을 거부당한다면 앞으로 있을 일들을 혼자 감당하기는 버거울 것 같기 때문이었다. 하지만 막상 당일이 돼보니 입국 심사가 문제가 아니라는 걸 알게 되었다. 애초에 비행기는 탈 수 있을까…? 라는 걱정이 앞섰다.

출발 시간이 늦어진 것도 아니다. 그저 왜인지 모르게 수화물 검사줄이 정말 길었기 때문이다. 앞으로도 뒤로도 못 가는

상황, 비행기 출발 시간은 20분도 채 안 남았는데 기도밖에 답이 없다. 이 순간에 난 기도 응답을 받았다. 앞에 나와 같은 상황에 놓여 있는 분들이 있었기에 함께 양해를 구하며 순식간에 앞줄로 갈 수 있었고, 그 덕분에 나는 비행기 출발 시간 10분도 채 남기지 않고 비행기를 탑승할 수 있었다. 정말 다사다난했던 순간이었다.

영국에서 나는 짧은 시간을 보내다 왔지만, 그 속에서 잊지 못할 만남이 있었다고 얘기할 수 있다. 영국에 와 나를 처음으로 반겨준 김성태 선교사님도 그중에 한 분이다. 대학 시절부터 이곳에 와서 생활하고 계시는 김성태 선교사님은 나를 너무나도 편하게 이끌어 주셨다. 에너지가 넘치시는 분이셨기에 나에게 너무나도 많은 것들을 알려주시며 좋은 영향들을 쏟아부어 주셨다. 이분을 통해 만나 뵙게 된 분이 더 있다. 바로 정춘화 집사님. 박사님 일정보다 먼저 오게 되어 지낼 곳이 없던 나를 재워주고, 돌봐주셨던 분이다. 만나서 교제할 수 있었던 시간은 하루도 채 되지 않았지만, 그 짧은 시간 속에서 정말 수만 가지 고마움을 느끼게 해주신 분이다.

다음날 저녁에 난 박사님을 만나 함께 영국 이곳저곳을 다니며 영국에 계신 크리스쳔 리더 분들을 뵙고 소통하게 되었다. 그 과정에서 김성태 선교사님께서 우리를 인도해 주시기도 하셨다. 대표적으로 기억에 남는 분들은 존스, 메헤르, 줄리, 하루. 짧은 만남이었지만 이분들과 함께 있는 것만으로도 엄청난 힘이 솟아나는 느낌을 받았다. 영적으로 많은 대화를 나눈 것도 잊을 수 없다. 많은 시간을 함께한 것은 아니지만 나도 모르게 이분들에게서 영적인 힘을 받은 듯했다.

그리고 우리는 영국에 계시는 이용규 선교사님을 만나고 함께 영국 교회 목사님이신 송기호 목사님을 뵈러 방문했다. 송기호 목사님이 하시는 일을 들었을 때 정말 하나님이 이분을 열심히 사용하신다는 것을 느끼게 되었다. 송기호 목사님은 전도를 정말 자주 하신다. 내가 놀라게 된 부분도 전도에 대한 행동력을 보았을 때이다. 함께 걷게 되는 순간이 있었는데 지나다니는 아이들에게 크리스마스 카드라고 하면서 하나님, 예수님에 대한 얘기와 하나님이 너희를 정말 사랑한다고 이야기하면서 짧고 강하게 이들에게 하나님을 알려주셨다. 신선한 충격이었다. 전도는 참된 진리를 알려주는 것일 뿐인데 나는 그 진리를 전하기 위해 다가가기가 두렵다. 그래서 그런지 송기호 목사님이 전도하는 모습이 나에게 더 크게 다가왔다.

새로운 인연은 여기서 끝이 아니다. 교회를 방문한 그곳에서 하나님은 내게 좋은 분들을 뵙게 해주셨다. 바로 송빛나, 레베카. 두 분 다 대학생이다. 하나님을 뜨겁게 사랑하고 설교 말씀을 들으며 분석하고, 나누는 모임을 가지며 하나님에 대해 더 알아가려고 노력하는 분들이었다. 이야기를 들으며 나는 바로 ids가 생각났다. 우리는 매일매일 예배를 드리지만 이렇게나 깊이 말씀을 묵상하며 나누었던 적이 있었던가? 서로의 생각을 나누는 모임은 얼마나 자주 가졌나? 하는 생각이 바로 들었다. 우리 ids도 하나님에 대해, 하루 설교에 대해 깊이있게 대화를 나누는 모임을 가졌으면 하는 마음이 생겼다.

우리는 저녁을 먹으면서 꽤 많은 대화를 나누었다. 빛나 언니는 한국을 너무 좋아해서 한국어 실력이 엄청나게 좋고, 레베카 언니와 소통할 때 어려움이 있으면 빛나 언니가 도와주면서 대화를 나누었다. 나는 이 언니들을 만나게 되어, 이렇게 교제하게 되어 너무나도 기쁜 감정이 들었다. 하나님을 사랑한다는 공통점 아래에서 정말 아무도 예측할 수 없이 이렇게 만나 함께 대화를 나누다니. 하나님의 계획 속에 사는 삶이 즐거워지는 순간이었다.

이렇게 많은 분을 만나며 나는 영국을 걸어 다니고 이곳의

문화 또한 천천히 느낄 수 있었다. 박사님을 뵙기 전, 나는 영국 런던을 혼자 다니며 많은 것들을 관찰하는 시간을 가졌다. 빅 벤, 버킹엄 궁전, 웨스트민스터 교회, 트라팔가 광장, 코벤트 가든 등등. 이곳저곳 많은 것들을 눈에 담으려 걷고 또 걷던 나는 영국의 오래된 건물들 하나하나의 매력에 푹 빠져버렸다는 것을 알게 되었다. 새것의 반짝거리는 건물이 거의 없는 영국 런던가는 정말 cg를 연상케 한다. 대부분의 건물이 오래되어 세월의 흔적을 고스란히 담고 있는데, 그 모습이 너무나도 아름답다는 걸 느끼게 되었다. 영국을 혼자 다니면서, 또 박사님과 함께 다니면서 새로운 것을 하나 더 알게 되었다. 교회들이 너무나도 많다는 것. 내가 지냈던 Sutton 지역에도 교회가 정말 많아 보였다. 곳곳에 보이는 교회들을 보면서 나는 역사적 배경이 있는 국가라 그런지 정말 교회가 많다… 라고 느꼈다. 하지만 이 교회 안은 텅 비어 있다. 교회를 찾는 사람

이 없기에 곳곳에 보이는 영국 교회는 그냥 빈 상자일 뿐이었다. 영국을 공부하면 기독교가 보이는 것처럼 기독교는 영국의 뿌리라고 볼 수 있다. 그 뿌리가 지금 밑으로 뻗어나가지 못하고 있는 것이다. 나는 이번에 영국을 갔다 오면서 난 영국 국가를 위해 기도해야겠다는 마음을 얻게 되었다. 부디 이 나라에서 예전처럼 많은 사람들이 교회에 모여 예배드리는 모습을 보게 해달라고. 많은 사람들이 영국을 두고 기도하며 빠른 기도 응답이 왔으면 하는 바람이 커지는 순간들이었다. 짧은 시간이었지만 이곳에서의 만남과 향기, 그 느낌을 잊을 수 없을 듯하다. 내가 이 자리에 함께 있을 수 있음에 감사하고 행복한 시간이었다.

하늘나무 강예찬

Who am I, why you are here,
what god is calling

Who am I, why you are here, what god is calling.
삶을 살아갈 때 이 세 가지를 명심해야 한다.

 우리가 인도&이스라엘을 잊지 못하는 이유를 기행문으로 나누려고 한다.

 '인도', 이 땅은 매우 덥고 열악한 땅이다. 빈부 격차가 너무 심하지만, 그 환경에 익숙해진 그들은 삶에 만족을 느끼며 살아간다. 이러한 환경을 보고 느끼며 인도 일정을 마친 나는 인도 땅을 다시 밟고 싶다는 마음이 들었다. 하지만 나는 인도 일정에서 영과 육의 한계를 느꼈다. 그럼에도 왜 다시 밟고 싶은지 생각을 해보면 너무 힘든 일정이었지만, 내가 삶을 살아갈 때 꼭 필요한 경험들을 주었기 때문이다. 그중 기억 나는 에피소드를 나눠보려고 한다.

 첫 번째로 육의 한계였던 타지마할, 아그라 성이다. 이 두 곳이 예뻐서, 신기해서 기억에 남는 게 아니다. 우리 팀 모두가 인도 열기가 어떤지 쓰라리게 느낀 곳이기에 기억이 난다. 가기 전에는 책으로 봤던 곳을 실제로 보게 돼 너무 설레었다. 하지만 타지마할 아그라 성은 눈에 들어오지도 않았다. 많은 기대를 했던 나였지만 기대만큼이나 무더운 열기도 같이 왔기에 정신을 못 차렸다. 그리고 아그라 성은 타지마할을 만든 샤 자한을 가두기 위해 만든 성이며, 아그라 성 꼭대기에서 일부로 타지마할이 보이게 설계됐다는 걸 갔다 온 후에 알았다. 가기 전에 알았더라면 힘든 와중에도 더 눈에 담으려고 노력했을 텐데 라는 아쉬움을 갖고 왔다.

두 번째로는 영적으로 흔들려 나 자신이 무력하다는 걸 느꼈던 현지 교회 방문이다. 인도 현지 교회 두 군데를 갔다. 처음 갔던 교회로 난 길은 열악했다. 아이들이 맨발로 다니며 땅바닥에 앉아 있거나 자고 있는 분들이 보였다. 그 열악한 길을 지나 교회에 도착해 보니 왔던 길에 비해 교회는 크고 예뻤다. 그 교회 목사님, 집사님들이 나오셔서 우리를 맞이해 주셨다. 우리에게 장미꽃을 주셔서 보답으로 우린 찬양을 불렀다. 찬양이 끝나고 기도하는 시간에 문득 나 자신이 너무 무력하다는 걸 느꼈다. 이 열악한 환경을 개선해 주지도 못하고 할 수 있는 건 오직 기도뿐이었다. 하지만 기도로 인해 바로 바뀌는 게 어려운 걸 알기에 나 자신이 싫어지고, 인도 사람들이 가엽게 느껴졌다. 그러다 은혁 선생님과 대화를 나누게 되었다. 은혁 선생님은 그들의 상황을 공감하는 건 큰 은사라고 하셨다. 드보라 선교사님이 얘기를 해 주시며 기도의 힘을 알려주셨다. 얘기가 끝나고 은혁 선생님이 나에게 기도를 해 주실 때 울음을 참지 못했다. 그 말을 들어도 사실을 받아들이기엔 너무 버거웠다. 하지만 힘들더라도 그 영혼들을 위해 나아가자고 다짐을 하며 나아갔다. 만약 내가 여기서 무너지면 다음에 만나게 될 영혼에게 복음을 전하지 못할 것이기에 더 성장해서 다시 와야겠다고 다짐했다. 다음으로 간 교회는 할렘가에 있는 교회다. 인도의 다음 세대들을 만날 수 있었다. 우릴 보기 위해 뛰어온 친구도 있었다. 할렘가의 교회는 전에 갔던 교회와는 비교가 안 될 정도로 너무 열악했다. 가는 길이 너무 좁은 통로였고, 교회 크기도 20~30평 정도 되는 거 같았다. 이런 환경에서도 주를 믿고 있는 이들이 너무 신기했다. 인도 다음 세대 중에 젬베를 쳤던 나타나타와 친해졌다. 나타나타는 처음 듣는 찬양임에도 멜로디를 듣고 바로 따라 칠 수 있는 은사를 갖고 있다. 이곳에서는 인도 다음 세대들을 위해서 중보 해야겠다는 마음이 들었다. I miss you natanata ♣

세 번째로는 머리와 배가 아파 잠을 2~3시간 밖에 자지 못한 상태에서 집과 부모가 없는 길거리 아이들을 모아 야간 학교를 해주는 곳을 갔다. 가기 전에 너무 힘들어서 쉬려고 했다.

하지만 마음이 너무 이끌려서 아픈 몸을 붙잡고 학교로 갔다. 정말 신기한 것은 그 아이들을 위해 찬양을 부를 때 아픔이 사라지고 너무 즐겁게 찬양을 불렀다. 원래 그 학교는 정부 소유이기에 찬양을 부르면 안 되는데 우리가 갔을 때는 찬양을 할 수 있는 기회가 생겨서 그들과 함께 즐겁게 찬양을 불렀다. 찬양이 끝나고 각자 얼굴을 그려주는 시간을 가졌다. 나는 위그람, 뭄바이라는 친구와 같은 조가 되었다. 각자 얼굴을 그려주던 도중 어지럽고 숨쉬기가 불편할 정도로 아파서 밖에 나와서 쉬고 있었다. 쉬고 있다가 내가 지금 느끼는 고통이 그들이 받고 있는 고통에 비하면 아무것도 아니라는 생각이 들었다. 그림을 마무리하고 돌아가야 할 시간이 되어 인사를 하고 있을 때 그 아이들이 인도 국기와 한국 국기를 그린 그림을 나에게 줬다. 처음 보는 나에게 거리낌 없이 대해준 그들에게 너무 고마웠다. 이날은 이 일정 후에는 호텔에서 쉬었다.

마지막으로 인도 BSH 컨퍼런스가 기억에 남는다. 처음으로 참석하는 BSH이기에 너무 떨렸다. 여기서 BSH(Billion Soul Harvest)란? CCC(국제 대학생 선교회)를 창립하신 Bill Bright 박사님이 돌아가실 때 외치신 비전으로, 10억 명의 영혼을 구하자는 운동을 의미한다. 이 운동을 교장 선생님이신 황성주 박사님이 맡아 하고 계셔서 우리도 참석하게 된 것이다.

컨퍼런스가 기억에 남는 이유가 뚜렷하다. 바로 그 자리에 있던 다음 세대들이 기억에 난다. 우리를 위해 준비해 준 의자가 있었지만 그들과 교제하기 위해 우리는 함께 땅바닥에 앉아서 말씀을 들었다. 박사님께서 정말 중요한 복음과 인도의 부흥에 대해 말씀하실 때, 나에게 축구를 좋아하느냐, 어떤 선수를 좋아하냐고 묻거나, 핸드폰으로 미디어를 하는 친구들이 보였기에 너무 마음이 아팠다. 본인들이 부흥이 있는 인도의 주

역인데, 그걸 모르며 살아가는 게 너무 안타까웠다. 하지만 여기서 제일 기억에 남는 것은 그들이 찬양에 임하는 자세였다. 설교를 듣는 태도가 아쉬웠다 해도 찬양을 임하는 태도만큼은 IDS가 배워야 할 정도였다. 리듬에 맞춰 박수를 치고 엇박자로 리듬을 타는 그들의 모습은 정말 아름다웠다. 그리고 우리가 특송을 할 때 무대 밖으로 나가 함께 즐기고 찬양한 게 너무 재밌었다. 다음 세대들이 많았기에 이런 분위기가 가능한 것 같았다.

다음으로는 시계와 같은 이스라엘에 대해 이야기해 보려고 한다. 이스라엘은 가기 전부터 탈이 많았다. 전쟁 중이기에 주변에서 의문이 많았고, 나도 의문을 갖고 있었다. 그런 상태에서 이스라엘을 가게 되었다. 첫 문장에서 말한 명심해야 하는 그 세 가지 중 하나도 떠오르지 않아 이스라엘 여정 2~3일을 아무 생각 없이 보냈다. 3일 중에 침례를 받을 수 있는 기회가 있었는데 침례를 받지 않은 것과 마가의 다락방에서 기도했을 때 기도를 하지 않은 것이 기억에 남는다. 침례를 받지 않는 것은 내 마음이 준비되지 않았다고 생각해서 받지 않았다. 그리고 마가의 다락방에서 기도를 했을 때는 내가 왜 여기 있을까 라는 마음에 딴 생각을 했다. 주님이 왜 나를 이스라엘 땅에 부르셨는지 이해가 안 됐다. 그리고 있고 싶지도 않았다. 하루하루 집에 가는 날을 기다리던 나에게 더 충격적인 일이 일어났다.

6/20. 주기도문 교회를 둘러보던 중 박화목 선교사님이 쓰러지셨다. 그걸 눈앞에서 본 나는 이스라엘에 대해 갖고 있었던 좋지 않은 감정들이 터졌다. 그로 인해 멘탈이 무너졌고, 이스라엘이 싫어졌다. 이날 저녁 베들레헴에서 사역하고 계신 정

규채 선교사님의 강의를 들었다. 요즘 이슈가 되는 하마스는 테러 집단이 아니고 하마스라는 당 아래에 있는 집단이라는 것을 설명해 주셨다. 그리고 발전이 없으면 퇴보할 수밖에 없는 이스라엘의 상황을 설명해 주셨다. 현재 무슬림들이 아이를 많이 낳아 무슬림 혜택만이 올라가고 있다. 기독교가 그 수를 따라가지 못해 혜택이 줄어들고, 다들 디아스포라(diaspora)가 되어 가고 있다. 기독교에서 정교회가 많은 비율을 차지하고 있는데 정교회는 말씀과 기도가 약하다. 적혀 있는 기도만 암송하기에 개인 기도가 없다. 이것이 현재 이스라엘의 상황이다. 베들레헴은 팔레스타인 지역 쪽이다. 그래서 전체 지역에 기독교가 3%이고 개신교가 20%도 안 된다. 그들에게 복음을 전하기 위해서는 유대인에게 개신교에 대한 증오를 없애 줘야 한다. 유대인들은 개신교에게 핍박을 받은 역사가 많기에 그렇다. 아랍인들은 그들이 생각하는 예수님이 있어서 자신들의 복음을 전해야 한다. 각자마다 예수님을 알지만 생각하는 게 다르다.

이런 강의를 듣고 팔레스타인과 이스라엘을 품어야겠다는 마음이 왔다. 그리고 아랍 영혼들도 품고 싶다는 마음을 주셨다. 내가 생각하기에 이스라엘에 대해 흥미가 없었던 것은 그곳에 대한 정보가 없었기에 그랬던 것 같다. 하지만 나는 이 강의를 듣고 다시 태어나게 되었다. 정규채 선교사님이 GHS에 오신다니 너무 신난다.

6/21, 22. Billion Soul Harvest ISRAEL & NEW KOREA 컨퍼런스가 있는 날이다. 이번 ISRAEL & NEW KOREA 컨퍼런스는 이스라엘과 남북한 분들이 모두 참석하는 컨퍼런스였기에 나에게 더 특별하게 와닿았다. 그리고 인도에서는 영어 설교를 통역 없이 들었다. 하지만 이번 컨퍼런스는 영어를 통역해 주시는 분이 계셔서 놓치는 말씀 없이 머릿속에 새길 수 있어서 더 뜻깊었다. 컨퍼런스에서 은혜를 받은 간증을 나누자면, 유대인 목사님이 이스라엘은 시계 같다고 하셨다. 왜냐하면 시계를 보면 시간을 알 수 있듯이 이스라엘을 보면 주님의 때를 알 수 있다고 하셨다. 그 한마디가 이스라엘에 대해 관심을 가지게 된 나에게 너무 와닿았다. 그리고 이스라엘이 왜 중요한지 알 수 있는 간증이었다. 그리고 처음에 말씀하셨던 (Who am I, why are you here, what is God calling) 이 세 가지를 말씀하신 아랍 목사님이다. 내 상황에 대입해 보니 주님이 나를 왜 부르셨는지 이유를 몰라서 힘들었다는 것을 알았다.

컨퍼런스 일정이 마무리되고 가자 지구 근처 국경에 가볼 수 있는 기회가 왔다. 먼저 와 있던 학생들이 있어 그들에게 그 립톡과 복음지를 전달하고 같이 사진을 찍었다. 같이 '샬롬 샬롬 예루살렘'을 부르며 친목도 다졌다. 그들을 보내고 국경을 보며 찬양과 기도를 했다. 그곳에 붙잡혀 있는 그리고 그곳에서 하마스 일을 도와 주고 있는 영혼들을 위해 기도했다. 테러 집단을 옹호하는 것이 아니라 그들이 가엾어서 그렇다. 그 정도의 담대함을 복음을 전하는 데 사용하면 얼마나 좋을까 싶다. 기도가 끝나고 현지 군인 분이 오셨다. 이곳에 와서 본인 얘기를 해주셨는데, 본인은 원래 변호사였다가 전쟁이 나서 군대에 자원해 군인이 되셨다고 말씀하셨다. 그리고 23년 10/7에 하마스가 기습 공격을 할 때 무장한 채 국경을 넘어와 보이는 시민들을 다 쏴 죽이고 무참히 학살했다는 얘기를 해 주셨다. 그분이 말씀하신 제일 중점은 하마스 단체에서 커가고 있는 아이들이라고 하셨다. 어릴 때부터 제대로 된 것을 알지 못한 채 커가는 그 아이들을 위해서 기도해야 한다고 하셨다. 쉽지 않지만 우리가 여기서 그들을 정죄하게 되면 그들을 바꿀 수 없고 똑같은 사람이 되는 것이라는 생각이 들었다. 그들 또한 마지막 시대 주님의 무기로 사용될 수 있다. 지금은 비록 주님을 알지 못해 옳지 않은 행동을 하지만 우리가 함께 나아가면 그들도 구원받고 동역자가 될 수 있다고 생각한다. 누군가는 이렇게 말한다. 그것이 말이 되냐, 어떻게 테러리스트를 위해 기도를 하냐, 그들이 바뀌는 것은 기적이라고 말한다. 그 다음날 아랍 목사님께서는 기적은 주를 믿고 순종하면 열린다고 하셨다. 지금 생각하기엔 기적일 수 있다. 하지만 기적을 어떻게 이룰 수 있는지 메시지를 받았기에 나는 나아갈 것이다. 그리고 이스라엘 공무원이신 하나니야라는 분은 지금 이 전쟁 상황에 대해 자기 연민에 빠져있지 않고 나아가야 할 미래를 보고 있다고 말씀하셨다. 이 말은 내 가슴을 울렸다. 나는 항상 IDS에 와서 과거 생각을 하며 후회도 좌절도 했다. 정작 중요한 미래에 관해서는 무관심했다. 하지만, 이 간증을 듣고 이제 나아가야 할 미래를 보고 자기 연민에 빠지지 않게 바뀌어 보려고 한다. 변하는 건 어렵다. 하지만 조금씩 한다면 가능하다고 생각한다. 이처럼 컨퍼런스에서 많은 은혜를 받고 많은 변화를 느꼈다. 그리고 북한 간증으로 주권능 님, 이서야 선교사님, 주경배 목사님의 간증이 너무 은혜롭고 한편으로는 너무 마음 아팠다. 간증뿐 아니라 찬양을 할 때도 세션들이 너무 은혜롭고 찬양 인도해 주시는 분에게도 은혜를 받았다. 컨퍼런스를 끝내고 24시간 기도의 집을 방문하였다. 기도의 집에서 찬양과 기도를 드리며 내가 다녀왔던 길들을 되돌아보고 한국, 일본, 이스라엘 영혼과 나라를 위해서 기도를 올려드렸다. 몇 달 전만 해도 나 하나도 품지 못했던 내가 다른 나라와 영혼을 품게 된 걸 보고 성장한 걸 느낄 수 있어 너무 좋았다.

6/23. 첫번째로 예수 탄생 교회에 갔다. 콘스탄틴의 엄마인 헬레나가 종교의 자유를 선포하고 신학자들과 예수님의 흔적을 찾아 다니다가 이 장소를 찾게 되어 교회를 지었다. 마리아와 요셉이 잘 곳이 없어 지하 동굴에서 예수님이 태어나셨는데 여기서 지하 동굴은 원래 짐승을 두는 곳이다. 예수 탄생 교회는 개신교가 없고, 가톨릭과 정교회가 붙어 있다. 페르시아가 모든 교회를 부수고 다닐 때 동방 박사(페르시아인)가 예수님을 만난 그림이 있어 부수지 않았다는 말이 있다. 우리가 갔을 때는 예배 중이었다. 그럼에도 관광해도 괜찮고 성도들도 아무렇지 않게 여기는 게 신기했다. 예수 탄생 교회 안에 있는 제롬 동상 앞에 멈춰 설명을 들었다. 제롬은 늘 금식하고 기도하는 사람이라고 가이드님이 설명해 주셨다. 그리고 제롬의 트레이드 마크인 해골은 해골이 될 만큼 열심히 했기에 트레이드 마

크가 된 것이다. 제롬은 히브리어를 배워 히브리어 구약 성경을 라틴어로 번역했다. 교회 다음으로는 브엘세바로 갔다. 아브라함, 이삭, 야곱이 유목민이기에 브엘세바에 살았다. 현재 유목민인 베드윈들이 이곳에 많이 산다. 브엘세바 성문에서 보아스가 재판을 받았다. 성문은 왕이 있던 곳이다. 우물이 성 밖에 있어서 유목민들도 함께 사용하였다. 브엘세바를 지나 벤구리온 총리 무덤을 갔다. 무덤에 가는 길에 이스라엘 군인들을 만나 사진도 찍고 함께 이스라엘 국가도 불렀다. 그들은 정말 감동한 것 같은 반응이었다. 벤구리온 총리는 이스라엘 건국

의 아버지라는 말을 듣는 만큼 건국에 큰 기여를 했다. 8개 국어를 할 수 있었고, 플라톤의 책을 읽기 위해 헬라어를 배웠다. 무덤은 광야에 있다. 광야는 정말 뜨겁고, 아무것도 없다. 무덤을 지나 이스라엘의 그랜드 캐니언 미츠페 라몬에 도착했다. 오늘 총평은 예수 탄생 교회에 개신교가 없고, 가톨릭과 정교회가 있다는 것이 신기해서 기억에 남는다. 그리고 광야의 열기를 잠깐 맛봤는데, 이곳에서 생활하신 예수님이 너무 대단하다고 느꼈다.

6/24. 미츠페 라몬의 일출을 보며 하루를 시작했다. 미츠페 라몬을 떠나 사해로 출발했다. 가기 전에 사해가 싱크홀 때문에 1년에 1m가 줄어들고 있다는 가이드님의 설명을 들었다. 그리고 소금기가 강해서 눈, 코, 입에 물이 안 들어가도록 조심하라고 하셨다. 겁을 먹은 채 물에 들어가 보니 정말 신기하게도 힘을 빼고 물에 누우면 부력 때문에 바로 몸이 뜨는 것을 느꼈다. 하지만 소금기가 강해 몸이 따가웠다. 적응을 해서 너무 편해져 긴장을 풀었다가 눈에 바닷물이 한 방울 들어갔다. 너무 아프고 따가웠다. 사해에서 나온 후 옷을 벗어보니 온몸에 두드러기가 났다. 그래도 사해의 경험이 살면서 못해볼 것 같은 경험이라서 괜찮았다. 사해를 떠나 엔게디(다윗의 폭포)로 갔다. 사해 다음으로 가는 것이라 옷에 물을 또 적시기 싫어서 폭포에 안 들어가려고 했다. 그런데 폭포 떨어지는 걸 보면서 안 하고 가면 후회할 것 같다는 마음이 들었다. 기대처럼 폭포 맞는 게 너무 좋아서 후회 없이 엔게디를 마쳤다. 마지막으로 가장 오래된 성경 필사가 발견된 곳을 갔다. 그전에 가장 오래된 필사가 천 년 된 필사였지만, 이곳에서 발견된 것은 이천 년 된 성경 필사다. 현재 구약과 에스더를 제외하고는 모두 똑같은 내용이다. 다들 힘들어 해서 그 장소로 가지는 못했지만, 그

래도 이런 필사가 있다는 것은 주님에 대한 확신을 더 굳건히 할 수 있었다. 그리고 내 주변에는 주님을 믿지 않는 친구들이 많은데 그 친구들과 와서 봤으면 어땠을까 하며 아쉬운 감정이 들었다.

6/25. 처음 일정은 예루살렘 성벽을 걷는 것이었다. 이스라엘 성을 돌며 들었던 설명이 있다. 바로 문마다 하나하나 역할이 있다는 것이다. 물이 들어가는 수문도 있고, 양이 들어가는 문, 재판을 하는 성문이 있다. 성을 쌓을 때부터 이런 걸 생각하며 만들었다는 게 너무 대단했다. 다음으로는 히스기아 터널로 갔다. 히스기아 터널에 처음 들어서자 무서운 감정이 먼저 들었다. 평소에 겁도 많고 길마다 넓이가 달라서 불편하기도 했다. 와중에 주경배 목사님이 핸드폰 전등을 아예 다 끄고 앞 사람을 잡으며 믿음으로 나아가자고 말씀하셔서 마지막 희망인 휴대폰 전등도 끈 채로 히스기아 터널을 지났다. 30분의 시간이 그대로 30분 같았다. 히스기아 터널을 지나면 실로암이 나온다. 하지만, 이 실로암은 진짜가 아니다. 이곳에서 5분만 걸어가면 새로 발굴 돼 현재 공사 중인 실로암을 볼 수 있다. 실로암에는 두 가지 케이스가 있다. 실로암에서 씻을 사람과

씻고 성전으로 올라갈 사람 바로 이 두 가지이다. 씻은 사람이 다른 사람과 닿게 되면 부정을 탄다고 해서 실로암에서 성전까지 가는 길이 두 개가 있었다. 실로암을 나와서 실로암 찬양을 부르며 은혜를 받는 시간이 있었다. 30분의 고난의 길이 있어서 더 신나게 찬양을 부를 수 있었다. 실로암을 지나 통곡의 벽

으로 갔다. 통곡의 벽에 갔을 때 군인들의 수료식 같은 게 있어서 많은 인파가 있었다. 많은 인파를 뚫고 벽에서 기도 하기 위해 가보니 유대인들이 쓰는 모자를 써야 입장할 수 있었다. 기도하는 곳도 남자는 왼쪽, 여자는 오른쪽으로 나눠져 있었다. 이 더위 속에서도 적지 않은 사람들이 계속 기도하시는 모습을

보고 이곳에 대한 애정이 대단하다고 느꼈다. 통곡의 벽을 지나 황금돔으로 갔다. 황금돔에는 두 종교의 갈등이 있다. 아브라함이 이삭을 제물로 바친 곳이다. 하지만 이슬람에서는 무함마드가 이곳에서 승천했다는 말이 있다. 지역에 이슬람이 많아 이슬람들이 돔을 세웠다. 황금돔에서는 확실하게 종교 활동을 막는다. 우리가 사진을 찍기 위해 손을 들었는데 그들은 기도하는 줄 알고 착각해 우리를 빨리 내보냈다. 이런 것을 경험하면서 마음이 아팠다. 약속의 땅 예루살렘에 돔이 있고, 다른 종교를 섬기고 있다는 것이 마음이 아팠던 것이다. 지나가다 보이는 교회에서 선교 특전단이 합창할 기회가 생겨 '십자가의 전달자'를 불렀다. 평소에 기도할 때 많이 들었던 찬양이라 은혜로웠다. 한국이 아닌 다른 곳에서 '십자가의 전달자'를 부르니 뭔가 마음이 신기하면서도 말로 표현하지 못하는 감정이 들었다. 예수님이 십자가를 지고 가신 길을 따라갔다. 정말 마음이 아픈 것은 그 길에 많은 이슬람 상인들이 물건을 팔고 있었다. 주님이 십자가를 지시고 가신 이 신성한 길에 물건을 팔고 있다는 것이 나에게 충격으로 다가왔다. 처음에 나에게 이스라엘은 많은 사람이 기독교인 줄 알았다. 막상 와보니 정말 기도가 필요한 땅이란 것을 느꼈다. 그 길을 따라 예수님이 십자가에 못 박히신 곳에 가서 기도를 했다. 기도를 할 때 평소와는 다른 느낌이 들었다. 주님께 회개와 감사를 드릴 때 정말 간절히 구할 수 있었다. 아래층에 예수님의 빈 무덤이 있었다. 안에 들어가 보고 싶었지만, 살짝 염두에 두지 않아 들어가지 못한 게 아쉽다. 이렇게 이스라엘 일정이 끝났다. 탈도 많았지만 그만큼 많은 것을 얻어갔다.

이번 미국 일정은 찬송과 감사, 고난과 역경이 공존하는 일정이었다. 미국에 오기 전에 인도 어린이 사역과 BSH, 이스라엘 BSH 컨퍼런스에서 많은 간증들을 듣고 주님의 발자취를 따라가는 일정을 통해 많은 은혜를 받고 미국에 왔다. 오고 나서 더 락 처치, 뉴 라이프 처치 등 많은 교회에서 특송을 할 때 나는 항상 하는 특송이 아닌, 우리를 보고 있는 이들에게 힘을 주고 내가 받은 은혜를 나누기 위해 노력했다. 그만큼 내가 주님을 사랑하는 마음이 해밀리에서 보다 더 커졌다. 그리고 사라 선생님과 미술 선생님 수업을 할 때, 현지인 분들이라 말이 빨라 처음에는 너무 버거웠다. 말이 너무 빠르기도 하고 아는 단어가 얼마 없어 알아들을 수가 없는 구조다. 이로 인해 할 마음이 안 들었지만, 점점 영어가 들리기 시작하고 나 자신이 성장하고 있다는 걸 느끼며 미국 생활이 너무 좋아졌다.

  이 상태로 동부로 가서 하버드, 예일, MIT, 프린스턴 대학을 다녀오며 많은 경험을 했다. 하버드에서 유명한 도서관에 못 들어간 게 아쉽지만 다음에 또 올 수 있다고 믿고 넘겼다. 동부 일정 중에 학교만 간 것이 아니라 메이플라워 호 같은 그 지역의 관광 명소도 조금씩 들렸다. 그로 인해 틈틈이 전도할 수 있는 기회가 왔다. 보스턴에 있을 때는 NBA 애기를 하며 복음을 전했다. 영어도 잘 못하는 내가 어떻게 담대하게 나아갔을까, 지금 생각하면 S.J 님이 나에게 말해 주신 것을 무의식적으로 떠올린 것 같다. 영어로 대화할 때 떨지 않으려면 내 안에 있는 성령님이 해 주신다는 걸 믿고 나아가라는 말씀이셨다. 그 말씀이 미국 생활에서 정말 많은 도움이 됐다. 동부에서 제일 기억에 남는 것은 타임 스퀘어다. 아이비리그에 갔던 것도 너무 좋았지만, 타임 스퀘어의 기억을 잊지 못한다. 지금도 생생하게 그려질 정도로 너무 좋았다. 타임 스퀘어를 처음 갔을 때는 정말 기쁨을 금치 못했다. 영화 드라마에서 보던 그 장소가 눈앞에 있으니 너무 좋았다. 그리고 길거리 전광판도 너무 크고 많은 장면들이 나왔다. 길거리에서도 사람들이 모여서 춤을 추거나 체스를 두는 걸 보고 문화 충격을 받았다. 한국에서는 그렇게 크고 자유로운 곳을 가본 적이 없어서 이번 기회가 기억에 남을 수밖에 없었다.

  뉴욕을 다녀온 후에는 덴버 할렐루야 교회와 연합 수련회가 시작됐다. 다들 한국어를 잘 못한다고 해서 걱정이 되면서도 좋은 경험이라고 생각했다. 마침, 우리 조에 한국어를 알아듣기는 하지만 말을 못 하는 월터와 40살의 집사님이 같은 조에 걸렸다. 처음에는 말도 안 통하고 불편했다. 그럼에도 그레이스가 월터에게 통역을 해주고 많은 의견을 내줘서 덕분에 편하게 조장 활동을 했다. 첫날에는 DHC가 짐을 풀고 가벼운 친목과 예배를 하고 하루를 마무리했다. 이날 전도사님과 목사님께서 찬양 팀인 친구들에게 우리가 받은 은혜를 찬양으로 나누는 것이 찬양 팀이자 조장의 역할이라고 하셨다. 이 말이 나에게 너무 무겁게 다가왔다. 캠프 4일 동안 찬양 팀을 하면서 마음이 무겁지 않았던 적이 없었다. 책임감이 나를 누르고 있어 솔선수범하려고 노력하며 힘들었다. 그래도 이 무거운 마음을 활동과 기도로 풀었다. 둘째 날 성경 연극을 하게 되었다. 우리는 솔로몬 이야기를 골랐다. 월터가 솔로몬 역할을 본인 캐릭터와 잘 섞어 너무 잘해 줘서 3등을 했다. 월터뿐만 아니라 우

리 조 모두가 잘 따라와 줘서 좋은 결과로 마무리할 수 있었다.
둘째 날은 내 신앙생활에서 계속 기억될 기도를 했던 날이다.
주님을 언제 만났는지 확신하지 못했던 내가 이날 이후로 확신
할 수 있게 되었다. 기도가 끝나고 표현할 수 없는 감정이 생겼

다. 정말 황홀하며, 신앙 생활 중 제일 간절하게 주님을 불렀기에 더욱더 마음에 와닿는다. 셋째 날 차성도 교수님께 창조 과학을 듣고 찬양제를 했다. 같은 곡 한 곡을 하고 워십을 넣어서 하는 찬양 한 곡을 더해 두 곡을 정하면 되는 것이다. 모두가 아는 찬양을 고르는 데 너무 많은 시간을 소모하고 준비도 못 한 채 무대에 서게 되었다. 당연히 결과는 처참했다. 조원들에게 너무 미안했다. 조장이 잘 이끌지 못해서 이런 결과를 만들었기에 자책을 안 할 수가 없었다. 셋째 날 기도회에서는 지옥 환상을 주님께서 보여 주셨다. 방언 기도를 위해 간절히 기도했지만, 방언에 대한 마음이 안 와서 방언 기도는 다음으로 넘기게 되어 아쉬움이 남았다. 하지만 그 후에 주님께서는 나에게 지옥 환상을 보여주셨다. 지옥에는 같이 운동했던 두 친구가 보였다. 김창훈 목사님께서는 미래가 아닌 현재라고 하셨다. 이걸 본 나는 내 비전인 우크라이나 이전에 이들에게 복음을 전하는 게 우선이라고 느꼈다. 은혜로운 캠프가 끝나고 갑작스럽게 내가 변하게 되었다. 예배, 찬양, 기도를 할 때 항상 뜨거웠던 내 마음이 텅 비고 공허해졌다. 마치 내가 이 학교에 오기 전, 주님을 만나기 전처럼 마음이 텅 빈 느낌이 들었다. 남들이 기도할 때 눈을 뜨고 딴생각을 했다. 찬양할 때도 입에 찬양을 올리고 싶지 않아 찬양을 부르지 않았다. 남을 정죄하고 불순종으로 살기 시작했다. 생각까지 부정적으로 바뀌니 심각성을 느끼고 살리는 님과 고민 상담을 하게 되었다. 살리는 님은 내가 왜 이러는지 이유가 가장 중요하다고 하셨다. 내가 왜 이럴까 고민하던 중 이유를 찾았다. 힘들다는 작은 마음이나 자신까지 속이고 가슴 안에 계신 주님을 가리고 있었다. 이유를 알고 나니 예배, 찬양, 기도가 기뻐졌다. 주님께 회개하며 새 마음과 새 뜻으로 주님께 다시 나아가야겠다고 느꼈다.

마지막으로 우리가 한국을 떠나오기 전에 만났던 두 분의 얘기를 하며 마치려고 한다. 첫번째로는 조셉 잉거 목사님이다. 조셉 잉거 목사님은 신앙 생활을 하면서 무너지는 사람을 많이 보셨다고 하셨다. 신앙 생활을 할 때 무너지지 않으려면 주님이 주신 불을 버리지 않고, 무슨 일이 있던 주님과 동행하라고 하셨다. 만약 마음이 차가워지면 뜨거운 사람에게 가라고 하신 말씀이 기억난다. 이 말씀은 미국뿐만 아니라 해밀리에 있을 때도 계속해서 생각날 것이다. 열방이 아니더라도 영적 전쟁은 오기에 이런 말씀 하나를 묵상하며 나아가야 한다고 생각한다. 두 번째로는 톰 빅터 목사님께서 두 번이나 방문해 주시며 2BC(2 Million Children), 20억의 아이들을 구원하자는 강의를 해 주셨다. 강의를 들으며 아이들이 어른들보다 복음을 전하기에 더 편하고 다음 세대이기에 더 중요하다는 말씀에 동의를 했다. 이번 일정 중에 들었던 어느 강의보다 제일 좋았다.

강의를 들을 때 가슴이 뜨거웠다. 내가 사역을 하게 된다면 꼭 어린이 사역을 해야겠다는 마음을 강의를 들으며 얻었다.

총평: 인도는 내 육체의 한계를, 이스라엘에서는 영적 한계를, 미국에서는 많은 멘토들과 영적 전쟁을 통해 성장하는 일정이었다.

미국 10대 감사 제목

1. 저번 미국 여정은 미국이라는 나라를 체험하기 위해 왔다면 이번 미국 여정은 체험을 넘어 그들과 같이 지내고 영어 공부 목적으로 왔는데 처음과 다르게 영어에 자신감이 생겨 해밀리에 가서도 열심히 영어 공부하게 하심에 선 감사합니다.

2. 마니또 스프링스에서 노방 전도를 할 때, 처음에는 주춤하고 말 걸기 어려워했지만 하면 할수록 성장해 새로운 전도 전략으로 영혼들에게 복음을 전하게 하심에 감사합니다.(길을 물어보며 친구가 되어 복음을 전함)

3. 각자 살아온 환경이 다른 이 IDS 친구들과 같이 자고 먹고 예배드리며 더욱더 친해지고 싸우기도 했지만 사과하고 회개로 나아가 이 IDS 꿈쟁이들을 정말 사랑으로 품게 하심에 감사합니다.

4. ton 목사님에 2BC champion 강의를 들으며 내가 보고 있는 이 아이들이 다음 세대의 주역이라는 걸 확실히 깨닫고, 구나완의 이야기를 들으며 나도 내 연약한 점을 꽃피워 내 가장 큰 장점으로 만들어야겠다는 마음을 주셔서 감사합니다.

5. B.T 시간에 의로운 님께서 사도 바울의 동역자들에 대해 이야기해 주는 시간에 두기고에 관해 설명해 주셨을 때 나도 두기고처럼 누군가에게 큰 신뢰를 받고 다른 이들을 위로해 주는 사람이 됨에 선 감사합니다.

6. DHC와 연합 수련회를 했을 때 4일간 찬양 싱어를 서면서 다른 이들에게 은혜를 나눠야 한다는 마음 때문에 매 찬양할 때 마음이 무거웠는데 수련회가 끝나고 무엇을 하든지 내가 하는 것이 아니라 주님께서 하신다는 걸 깨닫게 해 주셔서 감사합니다.

7. 동부에서 많은 대학과 많은 곳을 다니며 이들의 문화를 배우고 미국 여정 중 제일 행복한 시간이었지만 너무 정이 붙어 떠나기 싫어 다음에 꼭 동부에 와서 예수서원을 가고 더 잘 즐기게 하심에 선 감사합니다.

8. 은혁 선생님, 사라 선생님, 미술 선생님 세 분 영어 수업이 처음엔 벅찼지만 하면 할수록 실력이 늘고 있다는 걸 느끼

게 하심에 감사하고, 이 모자란 나의 영어 실력을 키워 주실 수 있는 좋은 인연을 보내 주셔서 감사합니다.

9. 성경 영어 암송을 처음 했을 땐 하나도 못 외운 줄 알았는데 마음 먹고 외우니 1~20까지 18 빼고는 다 외우게 돼서 노력하면 못할 게 없다는 것을 알려 주셔서 감사합니다.

10. 한국 가기 전 마지막 밤에 처음으로 자막 없이 영화를 봤는데, 영화도 재밌고 어느 정도 이해가 돼 영어 실력이 진짜 늘었다는 걸 느낄 수 있게 해 주셔서 감사합니다.

우간다

한 발자국 더 가까이

숲과 나무 모든 자연 환경이 주님을 찬양하는 게 느껴지는 우간다.

이번 년도에 난 많은 열방을 다녀왔다. 봉사로, 어학 연수로, 선교로 정말 많은 이유로 열방을 다녔지만, 이때 만큼 드라마 같은 이야기는 없었다.

최유리 님의 숲이라는 노래가 있다. 이 노래가 아프리카를 가기 전 나의 마음이었다. 나의 마음을 안정적으로 채워주고 계신 나의 숲 되시는 주님을 보지 못했다. 난 바다가 되어 항상 변화하는 내 마음을 주체하지 못했다. "물에 가라앉으려나" 이 말처럼 때때로 난 불안함과 조급함이 내 마음을 채웠다. 목마른 사슴이 시냇물을 찾듯 그 갈급함으로 하루 하루를 살아갔다.

주변 친구들이 열방에 나가기 시작했다. 그 무렵 나는 그들이 너무 부러웠다. 정말 기도를 하고 싶지 않은 상황에서 그 친구들을 위해 꿈청(고등학생) 모두가 기도를 하게 되었다. 내 마음은 정말 주님께 섭섭하고 세상은 불공평하다고 생각했다. 내가 기도를 할 때 우리가 열방에 나가는 이유가 뭘까 생각을 했다. 우리의 목표는 단 한가지. 그 영혼들이 주님께 돌아오는 것인데, 누가 나가는 것이 뭐가 중요할까 생각하며 그들을 축복해 주며 기도를 했다. 그런 가운데 인도네시아 미국을 다녀오며 난 더 갈급한 마음을 갖게 되었다. 다른 친구들은 가기 전 날에 알게 되었는데 나랑 여준이는 2주 전에 알게 되었다. 황열 주사를 맞지 않으면 아프리카를 갈 수 없기에 이 계기로 나에게 2주 간의 기도 시간이 주어진 것이다. 나는 주님께 좋은 인연을 이어 달라고, 영적 스파크가 터지기 원한다고 2주간 기

도하며 열방을 준비 했다.

　우간다에 도착했을 때 날 반겨준 것은 공항에서 보이는 평지였다. 평지를 보니 정말 내가 그토록 원하던 자유로움이 느껴졌다. 내가 보고 있는 나무들과 숲이 주님을 찬양하고 있는 게 느껴져 너무 신기했다. 우간다에서 내가 묵상했던 키워드가 있다. '한발자국 더 가까이'라는 키워드다. 쿠미대학교 캠퍼스를 둘러 보던 중 아프리카가 너무 예쁘고 좋아 총장님 사모님께 말씀드렸다. 사모님은 예쁘고 좋지만 한 발만 더 가까이 오게 되면 또 다른 시선으로 보인다고 말씀하셨다. 생각해 보면 이들은 물이 없어 빗물을 끌어와 사용하고 밥도 제대로 먹지 못한다. 이 말을 듣고 나는 학교에서 하는 PBL(프로젝트 수업)이 떠올랐다. PBL에서 배운 걸 적용해 문제점을 찾고 가설을 세우고 해결 방안을 생각하니 정말 많은 게 떠올랐다.

　하지만 문제를 해결하기 위해서는 어떤 분야든지 조금은 알고 있어야 한다. 정말 공부에 대한 자극이 너무 많이 왔다. 대학을 가기 위한 공부가 아닌, 먹고 살기 위해서 하는 공부가 아닌, 내가 아닌 오직 그들을 위한 공부가 하고 싶어졌다. 내가 보는 시선과 생각이 바뀐 이유는 바로 앞서 말한 그 갈급한 마음이 채워졌기 때문이다. 육이 혼과 영을 채우는 것이 아닌 정말 영이 혼과 육을 채웠다. 성은 선생님과 대화를 하며 나는 그 영적 스파크에 매여 있는 것이 아니라 이것 보다 더 큰 것을 부어주실 것이라고 믿게 되었다. 이 믿음은 현실이 되어 스파크가 아닌 내 삶에서 살아계신 하나님을 느끼게 되었다. 주님은 먼 곳에 계시지 않으시고 가까운 내 마음에 계셨다. 내가 해밀리에 있을 때도 아프리카에 있을 때도 같이 계셨다. 모든 것이 은혜이고 감사이다.

마지막으로 가서 했던 사역에 대해서 나누려고 한다.

2명씩 팀을 짜서 쿠미 지역에 있는 마을로 가서 복음을 전하기 위해 보다보다라는 오토바이를 타고 갔다. 원래 IDS 이사장님과 팀이였는데, 어찌저찌하여 쿠미대학교 학생과 둘이서 보다보다 기사님 마을로 갔다. 영혼들 집에 침투해서 복음 전하는 게 내 목적이었지만 모두가 크리스천이고, 내가 주도하지 못하고 보다보다 기사 청년이 주도하여 마을에 대해서 소개하며 이끌어 갔다. 있는 복음 팔찌와 평소에도 차고 다닌 복음 팔찌도 주고 왔다. 정말 아쉬움이 많았다. 의사 소통이 안 돼 하고 싶은 말도 제대로 하지 못하는 게 아쉬웠다. 그 상태로 다른 지역으로 가 복음을 전하게 되었다. 이번 사역에는 케냐 현지 선교사님도 같이 오셨는데 정말 방식이 말이 안 된다. 아이

들을 불러 집으로 가서 기도를 하며 선물을 주는 것이 정말 환상적이었다. 분위기를 주도하며 거부감을 없애고 축복 기도를 해주는 선교사님을 보고 너무 많은 것을 느꼈다.

정말 드라마 같은 우간다 일정이 끝났다. 한국으로 돌아가고 싶지 않았지만, 한국에서 날 사용하실 곳이 있으시다는 믿음으로 한국에 돌아왔다.

비하인드로 케냐 선교사님께 배운 그 전도를 해밀리 안에 있는 유치원 아이들에게 적용해 보았다. 아이들이 밥을 먹기 전에 축복하며 기도해 주니 너무 좋았다.

다음에는 어디로 이끄실지 하루하루가 정말 기대가 된다.

way

초판 1쇄 발행 / 2025년 3월 14일
초판 2쇄 발행 / 2025년 3월 24일

지은이 / 김혜규 외
펴낸이 / 황학주
펴낸곳 / 발견
아트 디렉터 / 황학주
표지 그림 / 류예라
디자인 / (주)시아울
주소 / 강원도 횡성군 둔내면 우용로 97번길 44 해밀리 512동
e-mail / balgyeonbook@naver.com

ⓒ 김혜규 외 2025
ISBN : 978-89-6879-083-6 (03810)

- 잘못된 책은 구입한 서점에서 바꿔드립니다.
- 책값은 뒤표지에 있습니다.
- 이 책의 판권은 저자와 발견에 있습니다.
- 이 책 내용의 전부 또는 일부를 재사용하려면 반드시 지은이와 발견의 서면 동의를 받아야 합니다.